失敗を重ねて35年

ひたすら
〝挑戦と創造〟の
道を求めて

医療経営のパイオニア
▶日本医療企画

序　日本医療企画はなぜ35年間も挑戦と創造を繰り返してきたのか？

「日本医療企画35年」検証委員会委員長
川渕孝一　東京医科歯科大学大学院教授

出版業界は今、未曽有の冬の時代を迎えている。多くの出版社が相次いで姿を消し、歴史の長い老舗の雑誌も廃刊に追い込まれている。大手取次業のなかにも倒産や赤字転落するところが出ており、業界全体の売上もここ五年間で一兆円以上の減少を余儀なくされている。こうした厳しい状況のなかでも新規事業に積極果敢に挑戦し、業容拡大を続けている出版社がある。医療・介護・栄養分野の専門出版社として今年、創業三五周年を迎えた株式会社日本医療企画（本社：東京都千代田区、代表取締役社長：林 諄）である。

出版不況のなかにあって、なぜ幾多の試練を乗り越え、長く生き続けてこられたのか。今、その経営理念、経営戦略に注目が集まっている。やはり、この会社を考えるうえで大きな要素を占めているのは創業者の林諄社長である。新聞記者（産経新聞社）出身で、東西両本社で経済担当として活躍したのち日本医療企画の設立に至るが、この間に多くの民間企業のほか、当時の通産省、厚生省などの官庁取材を担当、多くの有力経営者、官僚などと交流した。この時に学んだ創業経営者の企業哲学、人生観（生き様）などが林社長に大きな影響を与えていると考えられる。

たとえば、経済記者時代にセコムの創業者である飯田亮社長（現・取締役最高顧問）と交わした経営談議である。飯田社長の〝経営とは何ぞや〟の問いかけに対し、林記者は自信を持って「経営とは変化対応業である」と答えたが、飯田社長はニヤリと笑って「いや、それは違うね。変化の時代に絶えず変化に対応していたら目が回るよ。変化の時代はね、自ら変化そのものを創り出していかなければ生き残れないよ。変化を創り出せば、変化なんかに対応しなくてもいいんだよ」と言い切った。記事を書くだけで現場のことなど何一つ知らない一介の経済記者にとって、この言葉はまさに衝撃であり、その後の日本医療企画社長として仕事をするうえでの「座右の銘」となったという。日本医療企画が毎年、「挑戦と創造」を基本スローガンに常に新しいこと（変化づくり）に挑戦しているのもこのためである。

しかし、挑戦には常に失敗のリスクが伴う。「いや、新聞記者という武士の商法で、圧倒的に失敗が多く成功は少ないですよ」と、林社長は苦笑する。なぜ、失敗の多い会社が三五年も長い歴史を刻むことができたのか。運が良かったと言えばそれまでだが、基本的にはやはり失敗を失敗として終わらせず、そこから何か新しいことを見出し、創り出していった、つまり、「失敗を生かした」（林社長）という点に尽きるのではないだろうか。

同じ神戸商科大学の先輩でスーパーダイエーの創業者である中内㓛代表取締役社長（故人）などから学んだ「徹底した顧客本位の発想」も影響しているのかもしれない。当然といえば当然だが、人間やはり知らず知らずのうちに自己中心、自分本位の発想になりがちである。そのほうが自分にとって楽だからである。こうした発想に凝り固まらないため、同社の企画会議などでは、事あるごとに社員に向かって「それは誰のために考えた企画なのか」と問い詰めることを習慣としているという。その根底には林社長の「企業はいかに社会や顧客に向かって正しいことを実行するのか」という経営論がある。最近の大企業の不祥事を見てもわかるように、自分本位から不正に走り、社会的批判を浴びて窮地に陥る企業が多くなっており、いかに「経営の正しさ」という視点が重要かを雄弁に物語っている。

また、林社長が社員との間に交わした『わたしたちの約束』という小冊子（第3編参照）がある。このなかに創業時から掲げた「わが社の人間像」があり、ここではいかに経営に「人間のあるべき姿」が重要かを訴えている。内容を紹介すると、次の四項目から成っている。

一・どのような環境にあっても、常に夢や希望や勇気を失わない「ロマンチスト」である。

一・変化を恐れず、過去にこだわらず、常に創造的破壊のできる「柔軟人間」である。

一・自己中心、唯我独尊に陥らず、常に相対的感覚を持った「相対人間」である。

一・一般社会の〝常識〟にこだわらず、常に旺盛な好奇心と問題意識を持って行動する「行動派人間」である。

このほか、同冊子には二五項目から成る「社員心得二十五訓」、こんな発想を持ってはいけないと戒める「発想を妨げる禁句一七」なども盛り込まれている。これらは同社の〝長命〟を考えるうえでの重要な指標と言える。

日本医療企画が失敗を重ねても誰もやっていない〝新しいこと〟に挑戦し続ける理由を、別の視点から考えてみるのもおもしろい。この背景にも独特の中小企業論がある。林社長は、「エリートの多い大企業と違って、中小企業は劣等生の塊みたいなものだ。劣等生は誰もがやっていることをただ漠然とやっていても勝てないし商売にならない。できるだけ誰もがやっている〝人混み〟を避けて、誰もやっていない〝空地〟で仕事をすべきだ。リスクも高く失敗も多いかもしれないが、それを乗り越えてこそ成長・発展できる」と強調する。

日本医療企画を起こす前に、十数年にわたって大手新聞社で経済記者として活躍してきた人物だけに、大企業の長所・短所を知り尽くしており、それゆえにこのような独特の中小企業論は説得力を持っている。この中小企業論を記者時代に当てはめるとわかりやすい。やはりそこに独特の発想と個性が滲み出ていると言えるだろう。林社長は記者時代によく「特ダネの林」と言われたそうだ。今でもそうだが、当時も「報道の速報性では新聞はラジオやテレビにとても勝てない」と言われていたが、そんな声に対して「そんなことはない。要はラジオやテレビが知らないことを書けばいいんだよ。誰も行っていないところで取材すれば、すべて特ダネだね」と言い放ったエピソードがあるそうだ。

こうした林社長の生き様を見ると、日本医療企画という企業は出版社にありがちな「売れる本を一生懸命つくって売る」という単純な図式ではなく、「いま自分たちは何をなすべきか」という社会的使命のなかで仕事をしているといった色彩が強いかもしれない。こうした行動パターンは出版社として〝異質の存在〟として誤解されることが多いことも事実である。これから列挙するケースは、いずれも出版社としての常識的な〝ワク〟をはみ出たものと言えるだろう。

医療界内外の優秀な人材を集めて設立されたわが国初の医療シンクタンク「民間病院問題研究所」。国内の病院のなかで圧倒的な比重を占める民間病院の経営問題はそれまでほとんど調査研究されておらず、この解決に徹底的に取り組もうというもので、大きな話題を集めた。

当時、医療法上の法的規制が強く発行は不可能と言われていた病医院情報誌『月刊ホスピタウン』の創刊。患者の病医院情報を知る権利と、それを送り届ける出版社の義務との観点から発刊されたもので、ＮＨＫの夜七時のニュースをはじめ、ラジオでも大きく報道され、大きな波紋を投げかけたと聞いている。

最近では、厚生労働省ＯＢ、病院団体、学者、事業者などが結集して、四つの一般社団法人を相次いで立ち上げ、厳しい経営状況にある医療機関・介護施設の経営基盤の確立・強化を図るため、医療経営士、介護福祉経営士、栄養経営士などの資格事業を展開、なかでも医療経営士はすでに一万人以上が受験、合格者も五〇〇〇人以上にのぼっている。

こうしたケースは、日本医療企画が全精力を傾けて取り組んだ成果で、失敗を恐れず新しいことに積極的に挑戦する日本医療企画イズムが大きくものをいったと言えるだろう。この背後には、やはり林社長の提案力・牽引力が大きな力として働いていることは否定できない。

しかし、日本医療企画を考える場合、これまで触れてきた経営理念、発想、事業内容などだけでは十分理解できない。ここで見落としてはならないのは、地元である石川県を含めて現在すでに全国六ブロックに支社を構築していることである。林社長は九〇年代にバブルが弾け、失われた二〇年が始まった時、東京一極集中の時代が近い将来終わりを告げ、地方の時代が到来すると予測、地方に拠点をつくらなければ企業経営は困難を極めると判断し、相次いで現在の支社をつくっていったのである。安倍内閣が現在、「地方再生・地方創生」と声高に叫んでいる時、この会社はすでに地方の主要拠点をほとんど完成させているのだ。大変な先見の明と言えるだろう。

これまでのほとんどの主要事業は、こうした全国ネットワークという「組織力」抜きに実行することは不可能である。日本医療企画の将来は、地方拠点がどれだけ充実し、発展するかにかかっていると言っても過言ではない。

目次

序　日本医療企画はなぜ35年間も挑戦と創造を繰り返してきたのか？　1

第1編　日本医療企画の挑戦と創造　11

第1章　創業者の生い立ちと新聞記者時代の足跡　13

能登半島の大自然が育んだ性格と行動力
社会人の第一歩は新聞記者——その行動と足跡
警察の目をかいくぐり犯人に独占取材を敢行
上司批判で四年間の通信部生活——この逆境が強い精神力と発想力を育てることになる
他社への「転職決意」が一転、大阪本社経済部へ——中内叨氏、堤清二氏らと交流
医療経営の原点となる吉村仁氏との出会い
「誤報」が経済部長賞に化ける‼
東京転勤と多くの政官財のリーダーとの出会い、交流——瀬島龍三氏、加藤寛氏らと親交を結ぶ
四人の経営者に学んだ仕事の本質
正義感から出た無謀な「政治への挑戦」
各界のリーダー・論客をそろえた現代問題研究会の設立

第2章　医療経営のパイオニア　39
医療界に初の経営誌誕生——四万部の『ばんぶう』登場
本格経営誌『フェイズ3』の創刊とバブル崩壊の荒波
事務長専門誌の創刊と新書判経営実務シリーズの登場
医療機関と企業をつなぐ医療ビジネス情報誌の創刊
医療界初のシンクタンク「民間病院問題研究所」の創設——本格的な民間病院問題の研究スタート
民間独自の「白書シリーズ」の幕開け——第一弾『医療白書』の発刊
日本の医療の道筋に先鞭をつけた提言書
公立能登総合病院の経営改革への参画と二大本部制の実施
自治医科大学の大宮市進出問題と林社長の役割
医療版現代用語の基礎知識『ＷＩＢＡ』の発刊と一般への保健、医療、福祉情報・知識の普及促進
産官学界の一流の講師をそろえたセミナー事業本格化

第3章　病医院情報公開の扉を開く　65
わが国初の病医院情報誌『ホスピタウン』の登場——ＮＨＫのニュースなどで大々的に報道
従来の〝常識〟を打ち破った『全国病医院情報』の創刊
——ＮＨＫ企画委員、雑誌人一〇〇人の一人にも選ばれた林社長
電光ニュースサービス事業と待合室の再開発
失敗が生み出した新事業——『標準治療』

第4章　介護業界への本格進出——教材部門トップに躍り出る　77
テキスト開発による一社独占市場の打破と試験解答速報の実施
ケアマネジャー試験解答速報の実施
介護のあるべき未来への指針を示す雑誌を世に問う——『介護ビジョン』と『かいごの学校』の創刊
ニチイ学館との訣別と独自の教育事業スタート

第5章　本格的な健康づくり時代の到来と病院給食情報誌『ヘルスケア・レストラン』の創刊——改革による新しい道づくりを徹底追求——　89
地下にいた管理栄養士にスポットを当てる
人間栄養学セミナーと『栄養緑書』——新たな栄養の世界を切り拓く
病院団体と連携、待合室に初の健康情報誌登場
健康の森ショップと健康関連商品の販売事業への進出
患者側の資格の創設とサービスへの挑戦

第6章　わが国初の経営人材の育成と経営基盤の確立を目指す——医療経営士、介護福祉経営士、栄養経営士の登場——　103
スピーディな教材づくりと第一回「医療経営士」の全国大会開催
官民あげての協会づくりと吉原代表理事の就任
全国各地に支部設立——学習の「場づくり」も活発化

『月刊医療経営士』の創刊――本格化する育成事業
介護の分野でも「経営士」誕生――介護の活性化に大きな期待
介護の質アップのために教育指導者の養成へ――介護福祉指導教育推進機構の設立
栄養経営士の誕生――全員医療・全員経営への挑戦
金融機関勤務者の資格取得者急増――『月刊ヘルスケア&ファイナンス』の誕生
ヘルスケア経営学院の開設と医療経営人材の本格育成へ

第7章　地方再生・創生に向けた新しい地域づくりへ参画する　125
〝地方の時代〟に必要となる全国ネットワークの組織体制
グローバルな情報配信に向けてニューヨーク支局を開設
行政との連携による厚労省広報誌――『月刊厚生労働』編集制作へ
地域の関係者を巻き込み新しい地域づくりに取り組む

第2編　特別座談会　日本医療企画の〝挑戦と創造〟を大いに語る　141
行天良雄（医事評論家／国際医療福祉大学大学院客員教授）
西村周三（一般財団法人医療経済研究・社会保険福祉協会　医療経済研究機構所長）
須田　清（弁護士／須田清法律事務所所長）
川渕孝一（東京医科歯科大学大学院教授）

第3編　創業期から力を入れてきた社員の人材育成　161

1．野球を通して優れた人間形成を行う――無敵の野球集団「ばんぶーず」の創設
2．徹底的な議論が人材を育て企画を生む――川奈教育研修センターの開設と企画合宿
3．志こそが人間の価値を決める――企業の成長を左右する社員一人ひとりの心構えと力量

わが社の経営理念
経営ビジョン
わが社の人間像
社員心得二十五訓
発想を妨げる禁句一七

第4編　日本医療企画35周年史　年表　195

日本医療企画35周年史　年表
略歴　林諄　株式会社日本医療企画代表取締役

第1編　日本医療企画の挑戦と創造

第1章　創業者の生い立ちと新聞記者時代の足跡

入社1年目、若き日の林社長

能登半島の大自然が育んだ性格と行動力

すべての有機的生命に対する大気の作用はきわめて深く多様であって、人間の環境を構成するほかの自然物と比較にならぬほどの影響を及ぼしている――。ドイツの地理学者であるフリードリヒ・ラッツェルは『人類地理学』において、地域の自然環境が人間形成に大きな影響を与えると説いている。日本医療企画の創業者である林諄社長はなぜ三五年間も挑戦と創造を繰り返してきたのか。その創業の精神とバイタリティーはどこから生まれたのか――。ラッツェルの環境決定論から考えると理解しやすい。

林社長は、一九三九年、石川県鹿島郡鳥屋町（現・中能登町）に生まれた。生家は兼業農家で、父親は日本で初めて炭火のコンロをつくったイソライト工業の経営者であるとともに、地元商工会議所副会頭をはじめ都道府県労働委員会委員、北陸貨物協会幹事長なども務めた、いわゆる地元の名士であった。経済的には恵まれていたが、厳格な父親だったため、非常に厳しく甘やかされるということはなかった。たとえば、後に林社長が就職の相談をした時でも、学校の成績を理由に一切世話をしてくれなかったという。一方、母親は会社経営や地域活動に専念する父親に代わって、家事や育児はもちろん、農作業も一手に引き受けていた。春は田植え、秋は稲刈り、農繁期になれば朝から晩まで働きづくめで、林社長も学校から帰ると夜遅くまで手伝うことがしばしばだった。「悪いことをすればお天道様が見ている」「嘘はついてはいけない」「人の縁は大事にしなさい」が母親の口癖であった。真面目で厳しい両親からの教えは今日の林社長の経営者、人間としてのスタンスにつながっている。

家庭においては両親から厳しく躾けられた林社長であったが、日中は自然豊かな能登半島の野原を駆け回り、いたずらばかりで学校に行ってもほとんど勉強もせず、自由奔放な毎日を過ごしていた。大自然のなかでかくれんぼをしたり、田んぼの脇の小川でメダカやタニシをつかまえたり、食用ガエルの捕獲を楽しんだり、自然が最も親しい友人で、いつも近所の仲間の先頭に立つ、いわゆる「ガキ大将」だった。こうした〝リーダーシップ〟を買われ、小学六年生の時には生徒会長に選ばれたほか、朝日新聞社の鹿島郡代表の「健康優良児」にも選ばれた。

このような体験を踏まえて、林社長はよくこうした教育論を述べる。「子どもの時は、あまり人間がかかわってはいけない。自然が最大の教師であるべきだ。自然ほどメリハリのきいた厳しい教師はいない」と。林社長の発想力や牽引力、リスク管理力といったリーダーに必要な感性は能登半島の大自然によって育まれたと言えるだろう。まさにラッツェルの環境決定論である。

林社長の生家近くの風景。人間形成に大きな影響を与えた能登半島の大自然

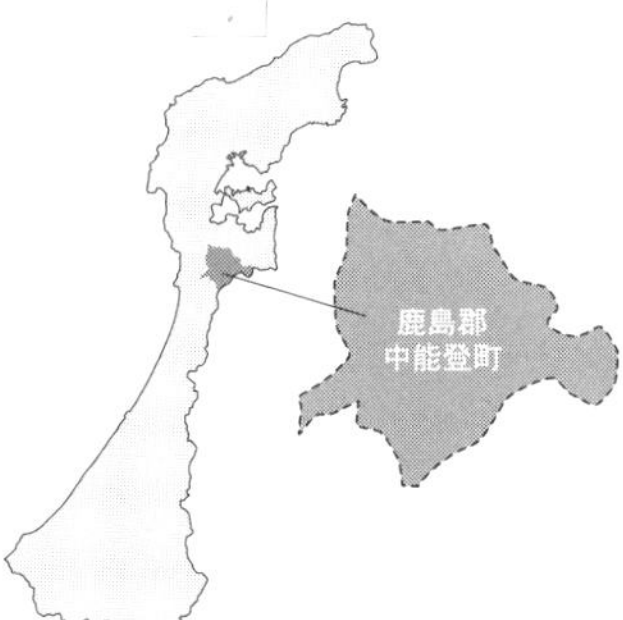

社会人の第一歩は新聞記者――その行動と足跡

七尾高校卒業まで故郷で過ごし、神戸商科大学に進学した林社長はそこで新しい環境と文化に触れる。今では考えられないが当時、林社長は方言を恥ずかしがり、下宿先の人たちと交わることが少なかったという。そのことを心配して何かと声をかけてくれたのが、隣の部屋に住んでいた神戸新聞社の記者、川本利明氏だ。ある日、「林君、大学と高校の違いは何かわかるか」と問いかけられた。答えに窮していたところ、「高校はものを暗記するところ、大学はものの考え方を学ぶところ。『How To Think』だ」と、本を読むことを勧められた。この言葉について「高校時代の延長の感覚で大学生活を送っていた自分にとって衝撃的な言葉だった」と、林社長は語っている。それからも「若い時は何事も鵜呑みにしてはいけない。素朴な疑問を常に持て」「How To Think」と、物事に対し「懐疑心」の目を持つことの大切さを教えられたという。

川本氏と対話するにつれて林社長は「記者とは素晴らしい職業だ」と感じるようになり、新聞記者の仕事に魅かれていった。大学四年の時、日本経済新聞社を受験、最後の身体検査で不合格になり、やむをえず地元の兵庫新聞社に入社。朝日新聞社系の地元紙で、当時は神戸新聞をしのぐ勢いで発展していた。何事もハッキリものを言う前向きの姿勢が評価され、入

はじめての連載記事「平家兵庫哀史」

社一年目で異例の連載記事担当に抜擢された。その一つが、兵庫県内にある平家ゆかりの石碑や遺跡にまつわるエピソードを取り上げた「平家兵庫哀史」である。無数の資料をひっくり返し、自ら調べながら書く、気の遠くなるような仕事であったが、林社長は「学生時代から本や記事などを多く読み、頭のなかで組み立てて考える力を鍛えていたことが役立った」と話す。

日本医療企画の生み出してきた商品やサービスには「日本初」とつくものが多い。誰もが思いつかなかった、あるいは選択肢から外していた事業を展開してきた背景には、大学時代に川本氏から学んだ「How To Think」に基づき、「これまでの常識を常に疑って考える」という林社長の習慣がある。この「常識を疑う」ということについては印象深いエピソードがある。山崎豊子の小説『華麗なる一族』でも知られる山陽特殊製鋼の倒産事件だ。林社長は、姫路支局の警察担当を任されてすぐにこの事件を担当することになった。それまで「倒産＝ぼろぼろの建物」というイメージを持っていたが、同社の新築間もない社屋を前にして「こんなに建物は綺麗でも倒産してしまうのか」と、強烈な印象を受けた。以来、何事に対しても外見に誤魔化されず、常に素朴な疑問を持ち、背後にあるものを追求する姿勢が確立された。

兵庫新聞社時代には社会部記者として、春と夏の甲子園の取材はもちろん、地方予選の試合も担当。兵庫県予選決勝では、後にプロ野球で三〇〇

甲子園で熱戦を取材する林社長

勝投手となった鈴木啓示（育英高校）の取材や、春の選抜高校野球で優勝投手となった尾崎将司（ジャンボ尾崎）の決勝戦にも立ち会っている。これは林社長が地元の島屋中学時代、主力打者として同中学校を初の県大会に出場させるなど、野球少年として活躍したことが大きな背景となっている。とにかく、小さい時からスポーツは万能で、八〇歳近い現在でも日本医療企画の野球部の現役監督を務め、日刊スポーツ杯三度、出版健保野球大会一一度の優勝を数えるなど、衰えを知らない。絶えず、仕事とスポーツを結びつけ、事あるごとに「何事もスポーツ感覚でやれば、うまくやれることが多い」と強調している。

警察の目をかいくぐり犯人に独占取材を敢行

入社一年目に「平家兵庫哀史」や「非行少年」といった連載企画をものにするなど、その実績が高く評価され、林社長はスカウトされる形で、一九六四年に兵庫新聞社からサンケイ新聞社（現・産経新聞社）に移った。しかも本社採用、大学卒業年次の六三年入社扱いと異例のことだった。サンケイ新聞社で最初に配属されたのは京都支局であった。この京都支局時代に記者としての破天荒さを物語るエピソードがある。

ある時、兄宅に忍び込んだ弟が、その場に居合わせた義姉を殺害するという事件が起きた。犯人は逃亡後に自殺を企てたが、失敗して病院に搬送された。この時、林社長は警察の発表が遅いため、自分の足で記事を書こうと、警察官や病院関係者の目をかいくぐって犯人の収容された病室に忍び込み、単独潜入取材を行ったのである。短い時間であったが、事件の動機や経緯についてすばやく話を聞いたうえで、さらに兇宛の反省文を書かせたというから驚かされる。取材後は見張りの警察官に見つからないように、病室の窓から飛び降りて支局に走ったという。

このことについて林社長は「知らないことは現場に足を運んで徹底的に聞いて書く。たとえ警察官が見張りをしている病室であってもだ。新聞記者の仕事の大半は好奇心を持ち、知らないことを知ろうとする努力にある。これは自分自身の仕事のスタンスになっている。つまり、『知らない』から『やらない』ではなく、『知らない』ものは話を聞き『知りながら』動く。これまで仕事をするうえで『知らないから』と諦めたことはない」と語る。

京都支局は、司馬遼太郎など優秀な人材を輩出した名門支局。この古都の歴史・文化などに触れながら、革新色の強い風土のなかで古都保存法の施行、京都タワーをめぐる反対運動、大徳寺・妙心寺の火災などの取材に追われた経験は、後の新聞記者生活にとって大きな財産となった。

上司批判で四年間の通信部生活
——この逆境が強い精神力と発想力を育てることになる

林社長は京都支局時代、直情的な性格が災いし上層部への不満を言った

産経新聞社京都支局。林社長が在籍していたころは、以前呉服屋であった建物を支局としていた

京都支局は、司馬遼太郎氏など優秀な人材を輩出した（©毎日新聞社／時事通信フォト）

ことがきっかけで、兵庫県の豊岡支局の篠山通信部に飛ばされた。篠山口という駅からバスで二〇～三〇分もかかる辺鄙な場所にあり、部員は林社長一人。そのため、電話番や来客対応は妻の峯代が行っていた。通信部自体も土間がある昔ながらの建物で、最初に取りかかった仕事は風呂づくりというから驚かされる。もっともそれ以上に戸惑わせたのが、神戸や京都で行ってきた取材のやり方が全く通用しないということだった。

同地では毎日警察署や役場に足を運んでも「平穏無事」の一点張りで、都会と違って〝発生もの〟と呼ばれる事件や事故がほとんど起こらなかったのだ。前任者の書いた記事を見返しても載っているのは、田植えや祭りなど自然や季節に関連したものばかり。そこで「受け身の姿勢でいては仕事ができない」と一念発起し、自ら行動して、考えて原稿を書くことに乗り出した。役所に通ってさまざまな統計データを分析した地域レポートを仕上げたり、地域の歴史や風土を研究しながら地方色豊かな記事をまとめたり。その最大の成果と言えるのが、同地にある名門神社の櫛岩窓神社のご神像四体を〝一〇〇〇年ぶりに一般公開〟させたことである。

地元の人たちと話すなかで、ご神像が国宝級(現在、国指定の重要文化財)であることを知った林社長は、神主に「一般公開してはどうか」と直談判した。最初は「神は仏と違って見せるものではない。非常識なことを言うな」と一喝されたが、神主が忘れたころに話を持ちかけることを繰り返し、「見て感動するようなものであるならば、見せる価値があるのではないか」と迫った結果、ついに態度が軟化した。「サンケイ新聞社主催」の条件付きでついに公開までこぎつけた。ご神像に人間の息がかかってはいけないからと、拝観客は服装を整え、口元をタオルで覆っての見学だったという。もちろん、その記事は本紙にも掲載された。まさに事件が起きるのを待つのではなく、自分で行動を起こすことで記事のネタをつくりだしたのだ。

篠山通信部での二年間の生活を終え、ようやく京都支局に戻れると思ったのも束の間、出された辞令は香住通信部への異動であった。「〝上り列車〟に乗れば栄転」と言われる新聞記者の世界で、再び〝下り列車〟に乗ることになったのである。

香住通信部の担当地域は松葉ガニの水揚げで有名な香住漁港や余部橋梁など見所が豊富で、毎週但馬牛の競り市が行われていたこともあり、記事のネタに困ることはなかったが、但馬地方は、神戸市がすっぽり入る広大さで、しかも豪雪地帯。いつも曲がりくねった道を単車で走り回らねばならない厳しい毎日だった。そんななか、一九六八年一月、アメリカ海軍の環境調査船プエブロ号が北朝鮮軍に拿捕され、乗組員一人が死亡するという大事件が起きた。平穏な田舎に国際事件が突然発生したのである。折しも北朝鮮軍が起こした、朴正煕韓国大統領（当時）の暗殺未遂事件（青瓦台襲撃未遂事件）の二日後であったため、一気に緊張感が高まった。香住漁港は事件のあった場所から一番近い大きな漁港であったため、一躍日本中の注目を集めることになった。当時、香住に通信部を置いている新聞社は、

但馬丹波版
神像を千年ぶりに公開
拝観で〝親近感〟を
神職会 神社宗教に〝活〟

ご神像の一般公開を報じる当時の新聞。『古事記』にも登場する神社で、写真撮影さえも禁止されていた

サンケイ新聞と神戸新聞だけで、事件後、すぐに写真を本社に送る電送機と暗室が設置され、林社長はひたすら取材をして記事を書き、妻は暗室で写真を現像し電送機で送るという毎日を送った。地方版の締め切りが早いため、夕方近くの写真が新聞に載ることはそれまでなかったが、電送機の設置によって掲載されるようになり、周囲から不思議がられた。

こんなエピソードもあった。どこにでも顔を出し、突っ込んだ取材をすることから、取材先からは嫌がられることも多かった。ある時、役所で取材を終えた後、「林さん、失礼ですが、この地域でサンケイ新聞はどの程度の部数が出ているか知っていますか」と言われた。「部数など知らなくても記事を書くことはできる」と思う一方で、「なぜ部数を聞いたのか」ということがひっかかった。「もしかすると、暗に『読者がいないのだから、何を書いても反響はないぞ』と言っていたのではないか」と感じ、すぐに新聞販売店を訪問して調べたところ、想像どおり購読部数は二〇〇〇部足らずであった。

「影響力の少ないものを粛々とつくっているのは自己満足に過ぎない」と忸怩たる思いがこみ上げた。そこで販売店に部数の拡大を一緒にやらないかと持ちかけ、部数拡大作戦を開始した。もちろん一軒一軒回って開拓するのではない。販売店の所長から部数を拡大したい地域を聞き出し、その地域の記事を重点的に書き、販売店はその後、地域に対する営業活動を実施するといった連携による営業活動だった。子どもから詩を募集して掲載

昭和43年11月16日　土曜日　〈16〉

但馬丹波版

解消する"電波の谷間"

城崎 香住両テレビ局おめみえ

20日ごろ試験電波

地元民、開局待ちわびる

難視聴地域解消のために建てられたテレビ塔を報じる新聞紙面

する「子どものうた」と題した連載を設けて、親に購入させたり、町の困りごとを集めて、それをもとに町長などに解決を迫る「生活１１０番」を設けるなど、地域の読者に興味を持たせる記事づくりを徹底的にやった。

こうした努力が奏功し、一年で部数は五〇〇〇部の大台を突破し、社長賞に輝いた。この経験をもとに、林社長は日本医療企画の社員に対して「編集者は営業的発想で編集をせよ。営業は編集的発想で営業をせよ」と説く。

『書いても反響がない』。編集者や記者にとって、これほど虚しいことはない。それでも大半は『営業力が弱いから仕方ない』と割り切ってしまうが、これでは問題解決にならない。虚しさを他人のせいにするのではなく、『自分で解決してやる』と考えることが大切だ。それは『どうしたら読んでもらえるのか』を徹底的に追求することだ」と、事あるごとに社員に強調している。

他社への「転職決意」が一転、大阪本社経済部へ
――中内切氏、堤清二氏らと交流

大幅な部数増という成果を出したにもかかわらず、一向に香住通信部からの異動の辞令は出なかった。そこでサンケイ新聞社を退社する意思を固めたところ、地元の読売新聞社記者から「ウチに来ないか」と誘われ、面接の結果、内定をもらった。同期で親友の大阪本社経済部にいた加藤益男記者にそのことを伝えたところ、強く慰留されたが退社する意向は変わらなかった。いよいよ通信部に戻って上層部に退職を伝える算段をしていた

最初のスクープのきっかけをつくった堤清二氏（©時事）

ところ、突然、サンケイ新聞社の大阪本社への異動が発せられた。地方の通信部から大阪本社への転勤は異例のことだ。残留か転職かで揺れたが、決め手となったのは「東京本社で政治部の記者として一緒にやろう」が合言葉であった加藤記者の存在だったという。

大阪本社では経済部に配属され、最初に担当したのは「流通」だった。当時はダイエーをはじめ、ニチイ（現・マイカル）、ジャスコ（現・イオン）などの大型スーパーの創業期で、日々出店の動向を追っていた。この時期から現在にかけて多くの企業の代表者とのネットワークを築くことになったと言えるだろう。特にダイエー創業者の中内㓛氏とは大学の先輩、後輩の間柄であったため、公私両面において交流を深めた。一九九九年に福岡ダイエーホークス（現・ソフトバンクホークス）が初優勝した時は、祝賀会で同窓会の副支部長として、中内氏にチャンピオンフラッグを渡す役を演じた。

「中内さんからは、松下電器（現・パナソニック）に対抗してプライベートブランドをつくるべく、事業化に向けて前向きに取り組む姿勢など、企業家として多くのことを学んだ。それは今日にも活かされていると思う」と、林社長は語る。

こうした企業の代表者との付き合いが奏功し、数々のスクープをものにした。その第一号が一九七一年の心斎橋パルコの出店だ。当時、大阪にはそごうや大丸など、老舗の大手百貨店が存在し、そのなかに初めて専門店の集合体であるパルコが進出するということで大きな注目を集めた。今だ

ダイエーホークス初優勝時、同窓会の副支部長として中内氏にチャンピオンフラッグを渡す林社長

から明かせるが、このネタ元は作家であり実業家として頭角を現していた、セゾングループ（旧・西武流通グループ）の創立者、堤清二氏だった。当時のサンケイ新聞社社長の水野成夫氏と堤氏が懇意にしていた関係で、林社長も堤氏と会う機会が多く、互いに卯年であるという共通点もあったことから可愛がられ、「林君、パルコが心斎橋に出るで」と教えてくれたという。このスクープが、特ダネ記者としての道を歩む第一歩となった。余談になるが、十数年間にわたる記者生活でモノにした特ダネは十数本を数え、特に企業の人事に強く、「人事の林」と言われたほどである。

流通の次に担当したのは化学分野である。当時（一九七一年）は高度経済成長期で、化学産業は花形の時代。医薬品のほかに塗料やセメント、石油などの産業も含まれているため、暇さえあれば本を読み漁り、企業研究のほか、石油製品の製造方法、薬のつくり方まで学んだという。また、自動車産業や造船業が盛んになれば、塗料の需要も上がり製造量も上昇するため、化学分野ではない業界の動向を追う必要もあった。林社長は「化学担当の時に勉強することの大切さはもちろん、単に一つの業界だけを見るのではなく、全体を見る視野の広さを培うことができた」と話している。

この時に得た知識をもとに、一九七五年、雑誌『月刊政策』から、当時、自民党政務調査会副会長であった橋本龍太郎氏らを交えた製薬特集の座談会の司会を依頼され、この座談会は、この後数年続き、橋本氏と親しくなるきっかけとなった。

雑誌『月刊政策』の座談会をきっかけに橋本龍太郎氏と親しくなる

医療経営の原点となる吉村仁氏との出会い

化学担当時代に忘れられない事件がある。「水俣病」をはじめとする公害である。こうした事件は通常、社会部の仕事であるが、林社長は水俣病を出したチッソを担当していたことから、化学担当記者として事件を追うことになった。化学記者クラブでは幹事を務めていたこともあり、記者会見では常に企業側と記者側との調整役を担うことになった。さまざまな質問を投げかける社会部の記者への対応等、記者会見をスムーズに進めることができるよう、企業側の相談にも乗るなど、名幹事として活躍した。どの記者より朝駆け、夜討ちすることが多く、「夜回りの林」と言われ、この情報活動が水俣病や四日市ぜんそくなどの裁判で、最高裁で「控訴せず」との判決を一面トップでスクープすることにつながったと言えるだろう。

このころ、後に日本医療企画を創業するきっかけとなる一つの出会いがあった。一九八三年に「医療費亡国論」という論文を発表して医療業界を激震させた、〝戦後最大〟の厚生事務次官・吉村仁氏との出会いだ。吉村氏は当時、厚生省（現・厚生労働省）薬務局企業課長として、サリドマイド事件の処理のために大阪によく来ており、チッソを担当していた縁で同社社長室長の中村治文氏から紹介を受けたのが最初であった。後に東京転勤になり、厚生省担当となるなか、吉村氏と縁が深まるうちに、吉村氏か

お酒が大好きだった吉村氏。人柄が偲ばれる（いずれの写真も『吉村仁さん』［吉村仁さん追悼集刊行会刊］より）

日本を代表する厚生官僚だった吉村氏は、気骨と情の人だった

ら「医療にも経営や経済の視点が必要になる時代が必ず来る。経済部の出番が来るぞ」と言われたそうだ。

吉村氏の「医療分野にも経営や経済が必要」というアドバイスがなかったら、医療経営に取り組んだかどうか。したがって日本医療企画という会社も誕生したかどうか疑問である。「たった一人との出会いにより人生が大きく変わるのだから面白い」と、林社長は振り返る。林社長の化学担当記者時代は、公害全盛期にあたっており、経済記者というよりは公害担当記者といったほうが正確だった。このころ中央では環境庁が誕生し、しばしば東京で政治、社会、経済の三部合同会議が行われたという。この未曾有の企業混乱時代に遭遇し、記者として貴重な体験を積んだことが、その後の経営人生に大きなプラスとなったと言えるだろう。

「誤報」が経済部長賞に化ける!!

話は前後するが、当時の医薬品業界は俗に「薬屋」と呼ばれるように、問屋として発達してきた歴史的経緯があり、情報を一般に公開するという意識はない閉鎖的な世界であった。この医薬品業界の「世襲」問題を連載することになった林社長は、最初にその代表格である武田薬品工業に取材を申し込んだが、「社長は取材を受けたことはない」と、けんもほろろな対応を繰り返された。それでも何度も足を運び続け、「取材に協力してくれなければ、今後記者会見は行わない」と迫ったところ、「条件をのんでくれたら」と、ようやく態度が軟化した。その条件とは知り合いの大学教授を取材に同席させることであった。仕方ないとこの条件をのんだところ、さらに「記事を見せてほしい」という要求をしてきた。さすがにこれについては「検閲であり、新聞記者として認められない」とはねつけた。現在では考えられないが、当時の医薬品業界は閉鎖的で新聞記者との関係を頑なに拒否していた。

閉鎖的であった医薬品業界も薬害問題などが発生するにつれ、徐々に情報公開に対し前向きになっていった。こうしたなかで一九七二年の日中国交正常化を迎えた時、瞬間的に台湾に進出している企業がどうなるのだろうという思いが脳裏に浮かび、懇意にしていた藤沢薬品工業の担当者に、台湾の工場の今後の展開について聞いたところ、「撤退を考えている」という情報を入手。そこで翌日、思い切って「藤沢薬品台湾から撤退！」と一面四段見出しで書いたところ、現地の工場側が大騒ぎになり、藤沢薬品工業側も「誤報」と言い出す始末。急きょ開かれた記者会見でも「事実無根」と言われ、翌日、他紙も「撤退せず」と報じるなど、完全に誤報とされ、針のむしろに座っているような苦しい毎日が続いた。

そんななかで、経済部の部会が突然開かれた。誤報の件で何らかの処罰を受けると覚悟していたところ、当時の近藤弘経済部長は「林君に経済部長賞を贈る」と発表したのである。藤沢薬品工業の記事で、日中国交正常化と台湾を結びつけた着眼点を高く評価するとのことだった。「スクープから一転、誤報となったにもかかわらず、経済部長賞をとったのはまさに前代未聞のことだった。この時に『挑戦したうえでの失敗は評価に値するものだ』と考えるようになった。この考え方は今も変わっていない」と、林社長は振り返る。

この後、間もなくして東京本社への転勤を命じられた。まだ大阪本社に来て二年前後だったため、もう少し大阪で頑張りたいと申し出たが、あっさり断られた。その時の近藤部長のセリフはいまだに忘れられない言葉として残っている。

「お前には大阪は狭すぎる。東京に行って、思いっきり暴れてこい」

東京転勤と多くの政官財のリーダーとの出会い、交流 ――瀬島龍三氏、加藤寛氏らと親交を結ぶ

東京でも同じ経済部に配属され、まずは慣れるためにと証券市場の記者クラブ所属となった。それから数カ月後、第一次オイルショックが起き、証券市場は大騒ぎとなった。オイルショックは売り惜しみ、買い占めなどの社会現象にも発展し、一般市民の生活に大きな打撃を与えたが、企業側にとっては必ずしもそうではなかった。儲かる業種は儲かっていたのである。そのことから、「国民生活安定緊急措置法の課徴金制度」という罰則制度が導入され、そのランキングまで発表され大きな話題となった。政治・

経済の中心である東京は新聞記者にとって最高の舞台だったが、一番苦しんだのは大阪出身というカベだった。差別的な扱いがあり、思うように仕事ができなかった無念さがいまだに時々脳裏をよぎるという。

しかし、東京に来て、そうしたマイナスを補って余りある素晴らしい政官財、企業、学界のリーダー、有識者との出会い、交流があった。何にも勝る貴重な財産であり、宝であった。たとえば、通産省（現・経済産業省）担当のころ、政務次官をしていた綿貫民輔氏（元・衆議院議長）と取材を通じて仲良くなり、慶應義塾大学教授の加藤寛氏を紹介してもらうなど深い親交が始まった。同じく通産省官僚であった堺屋太一氏や後に機械情報産業局長になった栗原昭平氏との交流が始まったのもこのころである。また、同じ郷土の出身で、元・防衛庁装備局長などを務めた倉部行夫氏の独特の発想に学ぶことも多く、忘れられない人である。

商社担当のころ、日本の政財界に大きな影響力を持ち、「昭和の参謀」と呼ばれた伊藤忠商事会長の瀬島龍三氏とは地元がともに北陸といった共通点があったことから、林社長の名刺や自宅の表札の文字まで書いてもらう仲になり、後に立ち上げる現代問題研究会でも発起人、講師を務めてもらうなど、公私両面でサポートを受け、可愛がられた。

瀬島氏からは、石川島重工業・石川島播磨重工業社長、東芝社長・会長を歴任した土光敏夫氏と一緒に取り組んだ第二次臨時行政調査会（第二臨調）の話をよく聞かされた。第一次は結果だけをオープンにしプロセスを

瀬島龍三氏（前中央）との交流は、晩年まで続いた。後列左は加藤寛氏

見せなかったことが失敗の原因と総括したうえで、瀬島氏は徹底した情報公開にこだわったそうだ。毎晩午前二時まで自宅の門を開放して記者と話をし、さらに「自分が話しているとおりに書かなくてもいい」と強調していた。

「内容よりも、行革に関連する記事が新聞に出ることを重視した。本来好きではない記者を相手に、しかも完全にオープンにすることで毎日のように記事を載せるという目的を達成した。スケールの大きさを感じるとともに、目的達成のために小事にこだわっていてはいけないことを学んだ」と林社長は振り返る。

第二臨調についても林社長は「会議のあり方についても参考になった」と言う。第二臨調では会議の最中、土光氏は押し黙っていて、時間が来ると隣に座っている瀬島氏の内股をつねって会議終了を知らせる。そこで瀬島氏が「土光会長から一言」と言うと、土光氏は「本日の結論は…」と総括して会議が終わる。土光氏は自分が意見を言うことで議論が左右されないように黙っていたのである。瀬島氏が会議を回し、土光氏は議論を聞いて結論を出す。二人の見事な分業で第二臨調を成功に導いたのである。

四人の経営者に学んだ仕事の本質

企業経営者といえば、瀬島龍三氏をはじめ、セコムの創業者、飯田亮社

会食の席で飯田亮氏が発した「経営とは変化を創造すること」という言葉は、今でも林社長の耳に残っているという（Ⓒ時事）

長など多くの有力経営者と交流し、多くのことを学んだ。以下はそのごく一部だが、林社長の耳に残った四人の有力経営者の語録を断片的に紹介する。

まず、林社長の出身大学の大先輩である野村證券の北裏喜一郎社長である。ある時、林社長が記者の出処進退で悩み、北裏社長に相談に行ったところ、「林君、天職ということを知っているか。天職は大事にせなあ、あかんよ」と言い、「天職というものは、好きだ、嫌いだと言ってやるものではなく、その人に与えられた宿命的なもんだよ。そう簡単に捨てるものではないんだ」と強調。自分自身のことに触れ、「わしは、小さい時から身体が弱く言葉も不自由で、生き馬の目を抜く証券の世界はとても向いているとは思えないが、その俺が社長・会長までやっているのだから不思議なもんだ。これが天職なんだよ」とサラリと言ってのけた。この言葉が新聞記者を辞め、医療・介護の世界に飛び込んでからもずっと頭にこびりついて離れなかったという。林社長は感慨深そうに語る。

「いまだに医療・介護などあまり好きにはなれない。もっと好きなことをやりたいと思ったことがしばしばだが、この分野にのめり込んで離れられない。これが天職なんだなあ」

繊維担当の記者のころ、旭化成工業の宮崎輝社長を囲んで記者仲間と懇談したことがあった。ある記者が宮崎社長に「新規事業はどういう方法でやるんですか」と質問。宮崎社長はニヤリと笑って答える。

トップが決断する時の重要な尺度を説いた宮崎輝氏（©共同通信社）

“天職”の大切さを説いた北裏喜一郎氏（©共同通信社）

「いや、そりゃ、君、単純な話だよ。役員会にかけて、反対多数の時は実行に移し、賛成多数の時はやらないだけだよ」

常識の固まりである新聞記者は首をかしげるばかりだったが、その理由について「いや、ウチの役員はあまりレベルが高くなくてな、そんな連中の賛成多数ではやれないよ」と断言。このセリフはいまでもトップが何かを決断する時の重要な尺度、と林社長は言っている。

コンビニエンスストアはいまや立派な社会のインフラであり、一つの文化でもあるが、そのトップは言うまでもなく、セブンイレブンである。その誕生の記事を書いた記者の一人が林社長である。この時の記者会見で鈴木敏文社長が発した言葉がいまだに頭から離れないという。「何を売るんですか」との質問に「時間を売るんです」と答えた鈴木社長のセリフはかなり衝撃的で、その後のセブンイレブンの驚異的発展はこうした鈴木社長の異端の発想によるところが大きいと言えるだろう。こうした既成概念にとらわれない鈴木社長の切り口は林社長も医療・介護の出版物をつくる際、たえず「常識にとらわれるな」という言葉に置き換えて強調していることが多い。

大学の先輩で丸善石油の副社長を務め、〝ミスターオイルマン〟と言われた杉本茂氏との親交も記者時代から長く続けた。巨体で熱血漢、文才も豊かで、自ら丸善石油と三和銀行との〝暗闘〟を描いた私小説『紙の城』（全三巻）は大きな話題となり、『夕刊フジ』の一面トップを飾ったこともある。

“ミスターオイルマン”と呼ばれた杉本茂氏

常識にとらわれない発想で事業を拡大した鈴木敏文氏（©時事）

とにかく石油に関する考え方では彼の右に出る者はなく、三木武夫首相、日本興業銀行の中山素平頭取の有力な政策ブレーンとして知られていた。第一次オイルショックの時に、杉本氏が唱えた「石油備蓄論」は大きな話題を呼んだ。「買い手がなく、ダブついている質の悪い石油こそ、いまこそ安い値段で買って備蓄すべきだ。いざという時には悪い石油でも使わざるを得ないのだから」というのがその内容。「単純な〝逆張りか〟と思ったが、きちんと本質をついた筋が通った話。多数派の意見は往々にして凡庸であり、そこからは斬新なアイデアや商品は生まれない、少数意見にこそ物事の真理はあるということを教えられた」と、林社長は話す。

確かに少数派の一貫した主張こそが、時代を変えるさまざまなイノベーションを起こしてきた。現実ばかりを見すぎては新しい発想は生まれないのも事実だ。そのため、林社長はよく「現実にこだわりすぎて」という表現を使う。また、別の視点からこういった表現もよく使う。

「理想を掲げれば現実とのギャップを知り、そこを埋めるための努力をすれば目標もおのずと見えてくる。多数派の意見にとらわれず、まずは理想を掲げることから始めるのが、最終的に事業を成功に導くと考えている」

正義感から出た無謀な「政治への挑戦」

林社長が〝天職〟と考えていた新聞記者を辞した背景には、通産省を担

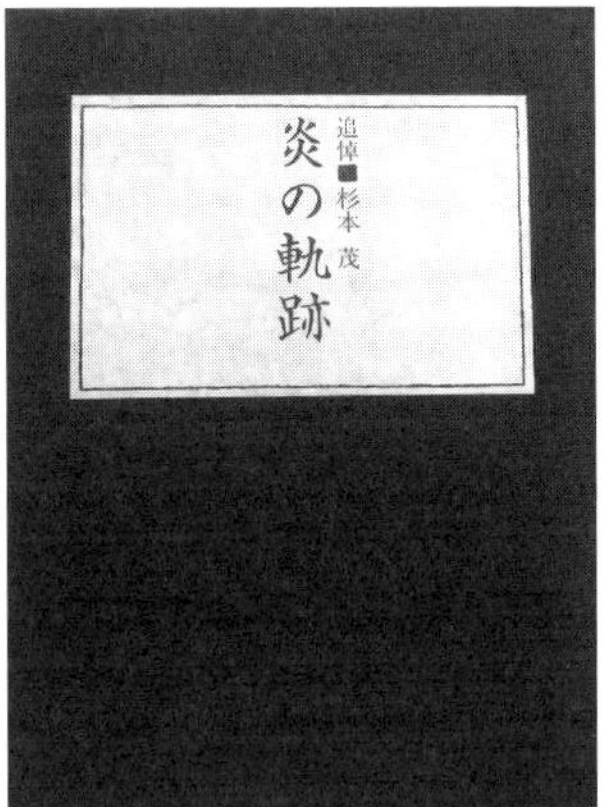

林社長が自ら手がけた杉本氏の追悼集『炎の軌跡』。ユニークな編集が特徴的で、648ページに及ぶ大作

当していた時に起きた一つの事件がある。オイルショック時のガソリンスタンド規制の問題である。当時、石油の消費量抑制を目的にガソリンスタンドの新規設立を規制する「揮発油販売業法」が議員立法で提案されていた。同法は衆議院商工委員会が管轄しており、その委員長を、後に自民党の繊維族議員の大物として知られるようになる稲村佐近四郎氏が務めていた。規制については稲村氏が仕切っていたが、賛成派であった全国石油商業組合連合会は江崎真澄氏や鳩山一郎氏ら有力政治家をバックに法案成立を目指しており、稲村氏は無視される格好になっていた。

それに腹を立てた稲村氏は後援会長を林社長の父親が務めていたという関係もあり、「法案を潰すために反対派を紹介してほしい」と相談を持ちかけてきた。そこで反対派のガソリン会社二社を紹介し、林社長は間に立つ形で稲村氏を業者と会わせたところ、「規制法案を潰すために金がいる」と、二〇〇〇万円もの金銭を要求。同席していた林社長は業者から「いつから政治家と組んで金儲けをするようになったのか」と非難され、釈明したが信用してもらえなかった。

改めて稲村氏と会い、釈明を依頼するも、「法案を潰すのに金が必要なのは常識」とはねつけられた。父親が後援会長というしがらみがあったが、ついには喧嘩になり、その一部始終を見ていたことで反対派はようやく誤解だと納得した。この事件が契機になり、「こんな政治家がいては国や地元のためにならない」と、新聞記者を辞め、河野洋平氏が代表を務める「新自由クラブ」に参加し、稲村氏と同じ選挙区から出馬することになった。

西岡武夫氏（元・参議院議長）や記者仲間の後押しはあったものの、地元の名士であった父親、農業組合の組合長であった兄に断りなく出馬したことで親類縁者すべてを敵に回し落選。「新聞記者のなかには政治家になることを目的としている人間もいるが、自分は記者一筋で生きていくつもりだった。しかし、稲村氏のような政治家が存在することだけはどうしても許せなかった」と述懐する。「新聞記者の堕落」と上司にかみつき、地方に飛ばされ、これから記者人生も本番という時に政治家を敵に回し、「こんな政治家は落選させないと国のためにならない」と出馬する。「おかしなものはおかしい」と「正義」と「勇気」を持った言動を是とする林社長らしいエピソードだ。

「正義とは世の中や物事を客観的な視点からとらえ、〝おかしい〟と思ったことは素直に〝おかしい〟と指摘すること。勇気とは失敗を恐れずに果敢に挑戦すること。この二つを貫徹するには、どうしても〝忍耐〟が必要になる。人間が人間らしく正しく生きるには、この三つの要素は欠かせない」というのが、林社長の持論である。

日本医療企画を創業してから数々の価値ある事業や商品にチャレンジしたのも、こうした林社長の人間哲学が大きな背景となっている。現実に同社の経営理念にも明確に「正義、勇気、忍耐の重要性」が盛り込まれている。

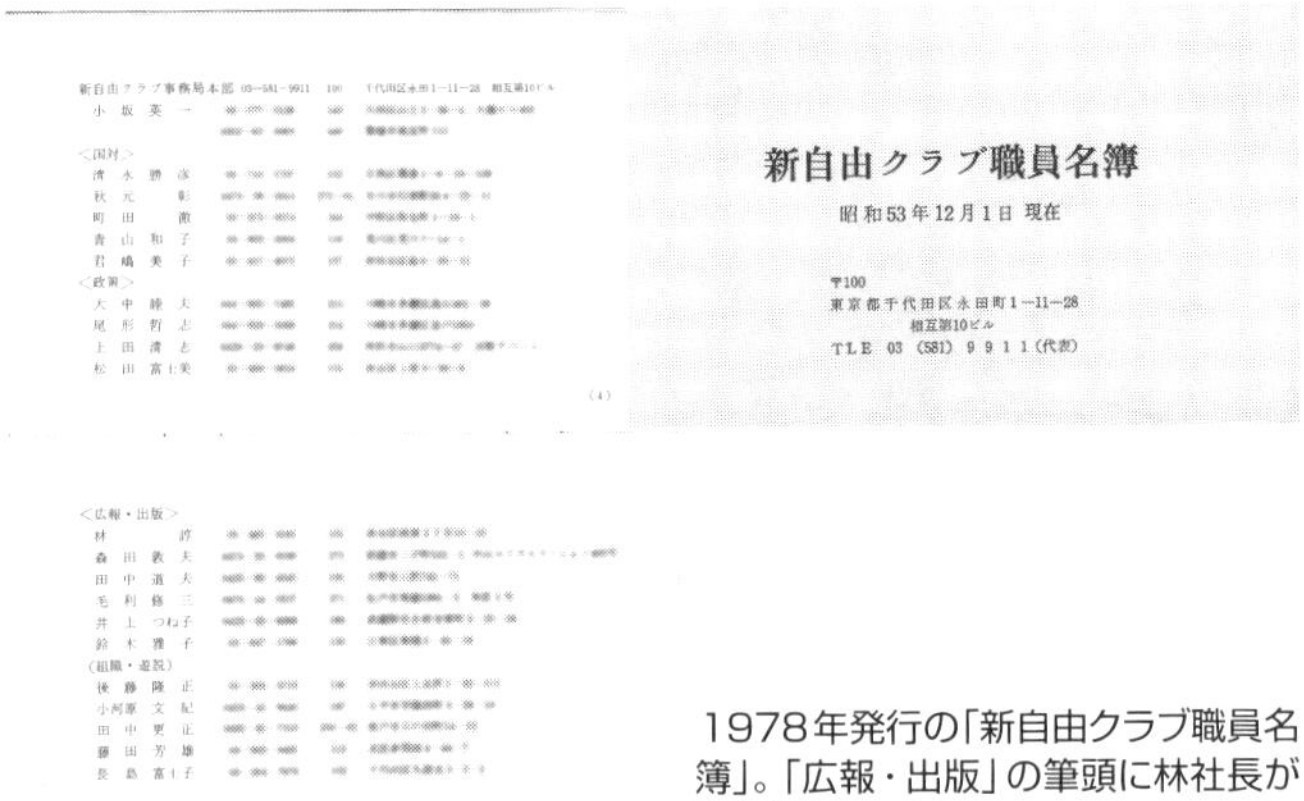

新自由クラブ職員名簿

昭和53年12月1日 現在

〒100
東京都千代田区永田町1－11－28
相互第10ビル
TLE 03（581）9911（代表）

新自由クラブ事務局本部 03－581－9911 100 千代田区永田町1－11－28 相互第10ビル

小坂英一

＜国対＞
清水勝彦
秋元彰
町田徹
青山和子
君嶋美子

＜政策＞
大中龍夫
尾形哲志
上田清志
松田富士美

（4）

＜広報・出版＞
林諄
森田教夫
田中道夫
毛利修三
井上つね子
鈴木雅子

（組織・遊説）
後藤隆正
小河原文紀
田中更正
藤田芳雄
長島富士子

（5）

1978年発行の「新自由クラブ職員名簿」。「広報・出版」の筆頭に林社長が名を連ねている

各界のリーダー・論客をそろえた現代問題研究会の設立

サンケイ新聞社退社後、林社長は政治・経済・社会問題を研究する「現代問題研究会」を組織し、勉強会を開始した。発起人は伊藤忠商事会長の瀬島龍三氏や野村證券会長の北裏喜一郎氏、慶應義塾大学教授の加藤寛氏など異例とも言える錚々たるメンバーが名を連ね、支援企業も七二社にのぼった。この数字から新聞記者時代にさまざまな企業、経営者と信頼関係を構築してきたことがわかる。講師も堺屋太一氏(元・通産官僚、経済企画庁長官)、日下公人氏(元・日本長期信用銀行取締役)、天谷直宏氏(元・資源エネルギー庁長官)ら話題の論客のほか、橋本龍太郎氏(元・首相)、中川一郎氏(元・農林水産大臣)など有力な政治家も定期的に顔を出し、各分野の専門家も相次いで登場した。結局、二年間の活動で開催した勉強会の数は二〇〇回を超え、会場となったホテルニューオータニでの勉強会の回数としては新記録と言われた。雑誌『東洋経済』でも「勉強会花盛り」として大きく取り上げられるなど、勉強会ブームの走りと言えるものであった。

この研究会の延長線上として一九八〇年四月二六日、日本医療企画の前身となる「株式会社能登企画」を設立した。能登企画では現代問題研究会での議論の論点を整理し、国際情報誌『新時代』(発行：内外問題研究所)

記者時代の政界人脈が「現代問題研究会」の礎になった。写真右は中川一郎氏

各分野の専門家が講師を務めた勉強会は、2年間で200回を超えた。講師の一人である堺屋太一氏(©時事)

というオピニオン誌を創刊。同誌では、政治・経済、教育、科学、宗教・文化などの諸問題について、高野孟氏（インサイダー編集長）、小山茂樹氏（中東研究家）、神崎倫一氏（経済評論家）、長谷川慶太郎氏（国際エコノミスト）ら当代きっての多彩な執筆人が熱筆を振るった。

なかでも話題となったのが、さまざまな問題の本質に迫る〝核心〟対談である。村上薫氏（軍事評論家）、趙治勲氏（二十五世本因坊）、加藤寛氏など、毎号多岐にわたる分野の第一人者をゲストとして招いて行う議論は、業界を問わず多くの関係者たちからも高い注目を集めた。こうした幅広い議論を実現できたエネルギーとセンスこそが、医療をこれまでにない新しい視点からとらえた『ばんぶう』『フェイズ3』を生み出す原動力になったことは間違いない。

「独創的な視点で時代の先取りをした事業展開」「数多くの関係者を巻き込んださまざまな議論」「総合情報誌を通じた社会に対する問題提起」――。現代問題研究会と『新時代』の二つの事業は、日本医療企画のその後の事業の流れを創り出したものであり、〝原点〟と言っても過言ではない。

多彩な執筆陣が熱筆をふるった
国際情報誌『新時代』

第2章　医療経営のパイオニア

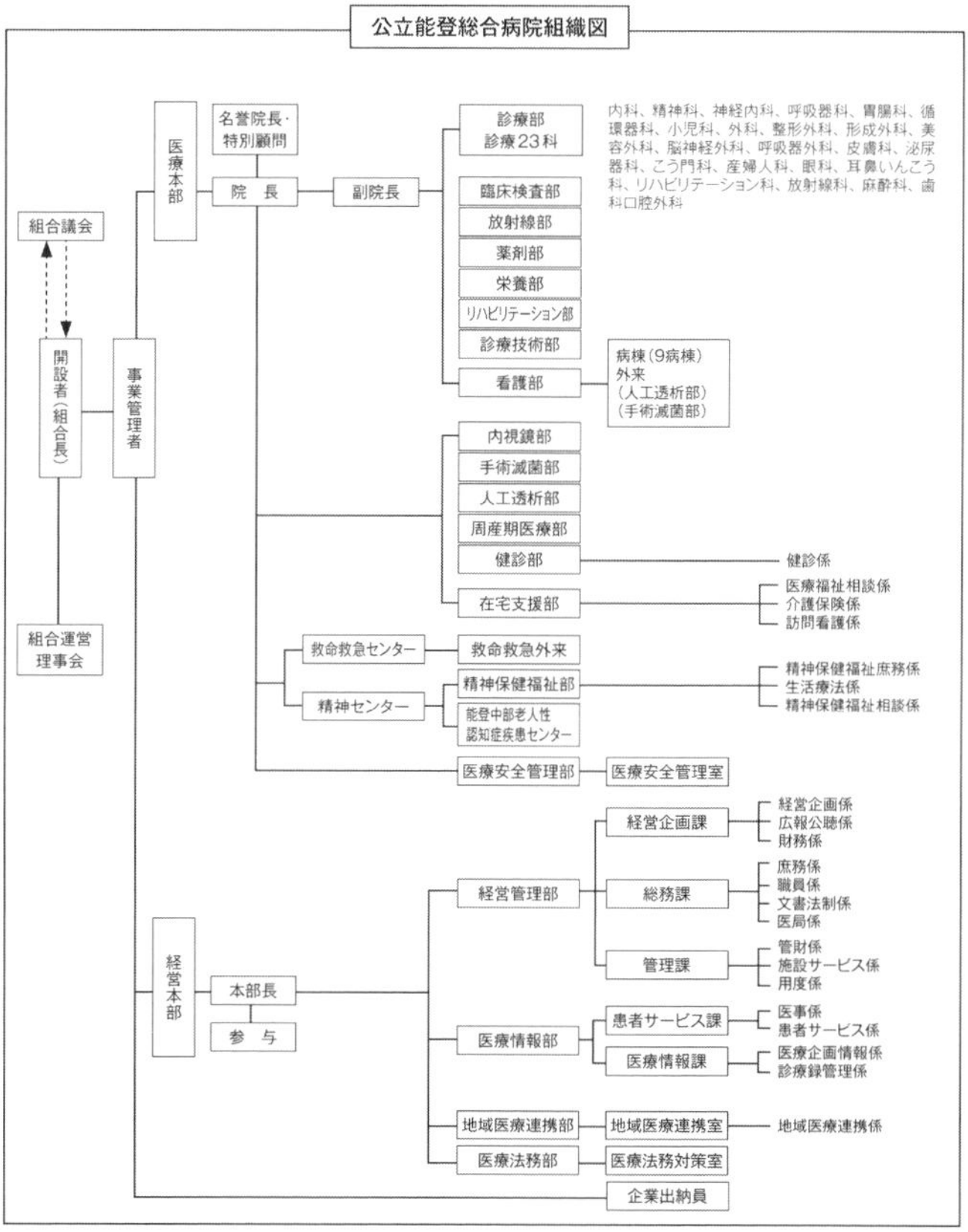

林社長が経営改革委員会のメンバーとして経営再建に尽力した能登総合病院の組織図。「医療本部」と「経営本部」を並列とした二大本部制となっている

医療界に初の経営誌誕生――四万部の『ばんぶう』登場

「医療分野にも経済部の出番が来るぞ」――。これは前述したように、林社長が経済部記者時代に、旧厚生省の吉村仁氏から言われた言葉だ。

日本医療企画が誕生した一九八〇年は、医療界は国民皆保険制度が堅持され、いわゆる〝護送船団方式〟によって病医院の経営は守られていた。当然、医療分野で経営を軸にした雑誌は皆無であり、「医療経営」という言葉さえない状況だった。しかし、後に国民医療費増大と乱診乱療に警鐘を鳴らした論文「医療費亡国論」を発表し戦後最大の厚生事務次官と言われた人の言葉だけに、林社長の脳裏に焼きついていたという。この言葉を受けた林社長は、「『採算度外視』『ノンプロフィット』を建前とする医療界でも『経営』がなければ成り立たない時代が来る」という信念のもと、当時タブー視されていた経営の視点を医療界に持ち込むことを決意した。

そうして生まれたのが、八一年七月一五日に創刊した病医院のための医療総合情報誌『ばんぶう』だ。誌面の由来は「竹のように医療界に強く根を張り、時代の節目節目で積極的な提言を行う」である。

創刊号の巻頭対談は、徳田虎雄・特定医療法人徳洲会理事長と、青木利弘・東京都医師協同組合連合会専務理事だった。医療界の刊行物と言えば臨床関連ばかりという時代にあって、全国展開を推進し〝医療界の暴れん

『ばんぶう』創刊号では、徳田虎雄氏と青木利弘氏の対談が巻頭を飾った

坊〟として名を馳せていた若き日の徳田氏を大々的に取り上げた誌面は、「これまでの医療界の情報誌にはなかった視点」と大きな反響を呼んだ。

これまでにはない「経営」を前面に打ち出した誌面づくりに対して、医療界の一部からは「仁術の世界に算術を持ち込むのは許さない」といった強い反発を受けたこともあった。しかし、医療の世界に初めて〝経営の視点〟を持ち込み、〝ぬるま湯的風土〟に一石を投じたことは、当時はもちろん今日の医療界にも大きな意味をもたらしたと言える。

『ばんぶう』は、販売網についてもこれまでにないものであった。一般書店で売れる類のテーマではなかったこともあり、医療機関の経営者と強いつながりを持っている、あるいはこれから持ちたいと考えている企業と連携する方法を選択。その相手に選んだのが日本生命だった。林社長が新聞記者時代から親しい関係にあった、後に日本生命の社長となる伊藤助成常務取締役営業本部長に相談し、セールスレディに『ばんぶう』を買ってもらい、医療機関に配布してもらえないかと打診。当初は三カ月間無料配布し反応を見て有料化する予定だったが、結果が出ず、さらに三カ月間延長したが、これも空振りに終わった。普通はこれで終わりだが、伊藤常務の決断で有料化することになり、ついに毎月約三万部を販売することに成功。その後、同様の手法で医薬品卸などと連携した結果、四万部を超える部数まで拡大した。苦心の末誕生した大型商品だったが、内容的には純粋な経営雑誌とは言えず、このままいけば本格的な医療経営時代到来に伴って行

日本医療企画の“誕生”の原点をつくった伊藤助成氏（©時事通信フォト）

き詰まると判断、早急に新しい経営誌をつくることを決断した。

本格経営誌『フェイズ3』の創刊とバブル崩壊の荒波

それが、一九八四年八月一〇日創刊のわが国初の本格的な病医院経営情報誌『フェイズ３（Phase3）』である。八三年に吉村仁氏が「医療費亡国論」を発表し、国民医療費適正化（削減）へと一気に政策が転換された。医療機関にとっては、黙っていても患者が来る時代は終焉を迎え、競合と淘汰の〝病医院経営冬の時代〟が幕を開けたのである。

当初は『ばんぶう』の誌面を大幅に改訂することも考えたというが、約四万部という固定読者があったこともあり、医療者に「経営」を意識してもらう『ばんぶう』に対し、財務諸表の見方や診療報酬改定の動向など、より純度の高い経営戦略情報を軸にした『フェイズ３』の登場となった。

誌名の由来は大脳生理学にある。大脳生理学では、人間の脳の覚醒状態をフェイズ０～４の五つに分類しており、フェイズ３は「適度な緊張感があり、分析力・予測能力が最も発揮される状態」を指す。単に知識や情報を詰め込むのではなく、経営環境と医療行政の動向を冷静に分析し、さまざまな事象にも対応できるよう、正しい医業経営戦略を提案することを目指して名づけられた。

想定読者は医療機関の経営層としたものの、当時は今以上に経営観念が

正しい病医院経営戦略の提案
を目指した『フェイズ３』

乏しい状況であったため、通り一遍の誌面づくりでは到底受け入れられない。「どうすれば、経営層の関心を集めることができるか」。その答えとして『フェイズ3』では、創刊時から当代一流の執筆陣を集めることに挑戦。国際経済については長谷川慶太郎氏、人物伝については小島直己氏、さらに堺屋太一氏にもスポット的に登場してもらうなど、〝医療経営専門誌〟の範疇を超えた書き手をそろえることに成功し、医療界にセンセーショナルを巻き起こしたのである。「一流の評論家たちが医療経営の専門誌に書くはずがない」という固定観念にとらわれなかったことが最大の勝因と言えるだろう。

しかし、バブル経済の崩壊によって危機的状況を迎える。バブル崩壊の波に飲み込まれて生命保険各社がかつてない厳しい状況に追い込まれ、大口顧客であった日本生命や医薬品卸なども再編の波にもまれ、あっという間に日本医療企画の主力であった『ばんぶう』の部数が急減したのだ。林社長はこの時のことを、「自分で築いたものが瞬く間に崩れ落ちた」と振り返る。そこから事業の再構築を考え、立て直していった時が同社にとっての〝最大の危機〟であったという。なお、その後『ばんぶう』は「施設から在宅へ」という時代のニーズを受けて、二〇〇六年に開業医をサポートする最新クリニック総合情報誌『クリニックばんぶう』へとリニューアルした。地域包括ケア時代を迎え、その存在感はさらに増している。

一部からはこの両誌は、「医療機関内部に無用な不安を与える」といった批判をしばしば受けてきたが、バブル崩壊やその後の経済不況などによる危機などを経験しながらも両誌ともに創刊三〇年を超え、今なお医療界で存在感を放っている。その背景には、安定部数に安住することなく、批判を恐れずにジャーナリズムの視点から、「群れることを良しとせず」さまざまな問いかけ・投げかけを行ってきたことが大きいと言えるだろう。

この両誌は今後、さらに大胆な誌面改革を断行し、これから本格化する医療大再編の時代に備える予定だ。具体的には、二〇〜三〇年後に生き残るであろう二万診療所に絞り、「二万クリニックのための『ばんぶう』」に衣替えする方針である。『フェイズ3』も僚誌の『月刊医療経営士』と組んで、現場・理論両面からのより質の高い雑誌に、一段とレベルアップする計画である。

事務長専門誌の創刊と新書判経営実務シリーズの登場

医療を行うのは医師を中心とする診療本部、診療本部が最大限のパフォーマンスを発揮できるように病院の屋台骨を支えるのが管理本部。これが、いわゆる「医経分離」の概念である。長く経営不在と言われてきた医療界に経営を浸透させるため、『ばんぶう』『フェイズ3』と矢継ぎ早に創刊してきた日本医療企画では、古くから「医経分離」についても提唱してきた。

もっとも当時、医療界には医師をはじめ「医」を担う人材は存在したが、きちんと「経」を担える人材は皆無。この経営を担う人材を育成および支援することを目的に一九九二年三月に創刊されたのが、病医院事務長・事務管理者のための情報誌『MMP(Medical Management Partner)』である。激変する医療界のなかで勝ち残るために、病医院の事務部門が果たすべき役割の追求を基本方針に、事務部門の経営上の課題とその打開の処方箋を的確に提示し続けた。

『MMP』の創刊にはもう一つの狙いがあった。病院の窓口でもある事務長とのネットワークを構築することだ。同誌自体は二〇〇四年三月、『フェイズ3』に統合されるが、『MMP』を通じてつくられた全国の病医院事務長との関係性はその後の雑誌や書籍の発行、研修事業等を展開するうえでの大きな土台となっている。

『MMP』にはこんな裏話もある。全国の事務長とのネットワークができてくると、彼らから、「専門資格職ではないため院内で存在感が薄く、一段下に見られることもある。事務長にも医療職のような専門資格をつくることはできないだろうか」という相談を持ちかけられることが増えたという。その意見に対して、一番の反対姿勢を見せたのが実は林社長だった。その理由は、経営という仕事は資格化になじまないと考えていたこと、当時事務長の仕事が体系だった職務内容になっていなかったこと、製薬企業や銀行からの転職組など医薬品の売掛金回収、財務のお目付け役など別の

病院事務長とのネットワークづくりにも一役買った『MMP』

目的で送り込まれた人材が多かったことなどから、そのような状況で事務長に資格を持たせても意味がないと判断したことによるものだ。

それから二〇年ほど経ち、病医院の経営環境が激変したことを受けて、医療経営の専門人材として「医療経営士」資格を創設することになる。時代や状況の変化に合わせて柔軟に考え方を変えることの重要性を示唆するエピソードと言えよう。

経営を担う人材を支援する観点から生まれた書籍もある。

『ばんぶう』『フェイズ３』を通じて毎月医療経営に関する情報発信を行っていたものの、林社長は次第に「雑誌だけでは不十分ではないか」という素朴な疑問を持つようになる。「経営を徹底的に深掘りした書籍でカバーするしかない」という結論に至るも、医学書のような分厚い書籍では医療現場で使ってもらえない。多忙な医療現場で手軽に手に取り、すぐに使えるものにするにはどうすればいいか――。導き出した結論は、病医院の経営管理実務に携わる人たちを対象に、すぐに役立つ実用的なテーマを一冊につき一つ取り上げるコンパクトな新書判シリーズを発行することだった。

一九八八年四月、「医療に関する書籍＝分厚い辞典のようなもの」という、それまでの常識を覆す待望の『ＪＭＰ（ジャンプ）ブックス（後のＮＥＷ ＪＭＰ）シリーズ』が誕生した。

記念すべき第一巻は『病医院経営を危うくするタイプ50』。林社長が常

『JMPブックスシリーズ』記念すべき第1巻。シリーズは通算70巻以上を数える

に持っていた、「病医院が生き残るカギは総合力であり、組織が人で構成されている以上、まずは人材に注目する必要がある」という問題意識をそのまま反映させた。章立ても、「トップの意識改革17のすすめ」「中間管理職16の注意」「新卒、中堅職員17の自己チェック」と、病医院で働く人々の「顔」が見える内容にし、各項目も「うそつきで、疑い深い」「欠点に気をとられ、長所を見抜こうとしない」「患者の信用を欠くような勤務態度」――と、日常業務で忘れがちになりそうな注意点を喚起するものを並べた。しかも、一項目見開き二ページ、文字数は一〇〇〇字程度。なじみやすいイラストを必ず添えるようにし、およそ「医療」とはかけ離れた体裁とした。

『病医院経営チェックマニュアル50』『患者サービスチェックマニュアル１１１』など、身近なテーマをわかりやすく解説した内容は幅広い層に受け入れられ、着実に刊を重ねていった。「ＪＭＰブックスシリーズ」は二〇一五年一二月現在で通算七〇巻以上を数え、日本医療企画において最も発行部数の多いシリーズとなっている。さらに九六年には『患者サービスチェックマニュアル１１１』が韓国語版に翻訳された。『ＪＭＰブックスシリーズ』の斬新さが、海を越えて受け入れられた証左と言えよう。

医療機関と企業をつなぐ医療ビジネス情報誌の創刊

病医院の経営を考えるうえで、周辺企業が開発する商品・サービスに関する知識や情報が欠かせない。

もちろん、以前から医薬品や医療材料などに関する情報誌はあったが、それらはすべて業界内で読まれる〝業界誌〟。実際に利用するユーザーである病医院の経営者を対象とした情報誌は存在していなかった。もっとも当時は〝病医院経営冬の時代〟と叫ばれていたものの、診療報酬自体は右肩上がりで、まだまだ「殿様商売」が通用していた時代。高額な医療機器等を購入する際に相見積もりをとるどころか、実勢価格を調べることもなく、納入業者の「言い値」で購入している病医院が大半だった。一般企業では考えられないことである。

一方、納入する企業の側にも不満はあった。病医院と企業の接点は限られており、特定の企業と病医院あるいは医師のつながりが強固であれば、他社は付け入る余地がなく、新商品を開発してもきちんと説明する機会さえ与えてもらえなかったからだ。

日本医療企画では『ばんぶう』『フェイズ３』の刊行を通じてこうした問題にいち早く気づき、両者をつなげる情報を提供できれば支持されるに違いないと考え、医療機関向けのビジネス情報誌『メディカルネットワーク』の発刊を決断、一九九一年七月に創刊した。『ばんぶう』『フェイズ３』がいずれも病医院の経営者層向けに、病医院や経営者自身にまつわる情報をメーンにしていたのに対し、『メディカルネットワーク』は病医院で使用する医薬品や医療材料、医療機器の市場動向や商品、サービスの特徴など、

「周辺情報」にスポットを当てた。

誌面は主だった商品の特徴などの紹介をはじめ、市場動向や価格表なども掲載した。しかも編集部で卸業者を中心に丹念に取材を重ね、「小売希望価格」ではない実勢価格を掲載した。実際の納入価格を調べ、誌面に載せた媒体は皆無だっただけに、この価格表は大きな反響を呼んだ。

さらに『メディカルネットワーク』は全国の主だった病医院に無料で届け、製作費については企業からの協賛広告などで賄った。情報料は無料で広告によって収益を上げる〝フリーペーパー〟や〝ネットビジネス〟の先駆け的な取り組みである。収益はもちろん、医療経営の新しい時代への先鞭もつけた医療界にとっての〝孝行息子〟と言える。残念ながら同誌は休刊中だが、これから医療経営が本格化するなかで、こうした雑誌のニーズが一段と高まり、復活が急務となっていると言えるだろう。

医療界初のシンクタンク「民間病院問題研究所」の創設
——本格的な民間病院問題の研究スタート

わが国の病院の八割は民間病院が占めている。しかし、一九八〇年代は民間病院に関する統計資料がほとんどなかった。そのため、厚生省（現・厚生労働省）は全体の二割に過ぎない国公立病院のデータだけで国の医療政策を決めていた。一九八五年に施行された第一次医療法改正は都道府県ごとに「地域医療計画」を策定し、無秩序な病床増加に歯止めをかけ、地

多職種合同型のシンクタンクとして設立された「民病研」の理事会風景

域医療のシステム化の推進を目指すものだったが、その大半を占める民間病院のデータがない状態で計画策定は進められていたのである。

全体の八割を占める民間病院の実態をきちんと把握したうえで、問題点を抽出し進むべき方向性を示さなければ医療界に未来はない――。この医療の未来に対する危機感と、出版社も調査研究機能を持ち、データをベースにした問題提起をする必要があるという考えから、林社長は出版活動を行う傍ら医療シンクタンクの創設に乗り出した。

それが全日本病院協会前会長の木下二亮氏（医療法人社団九折会成城木下病院理事長・院長）、深瀬邦雄氏（医療法人社団浩邦会日比谷病院〈現・日比谷医院〉理事長・院長）、浅井利勇氏（医療法人静和会浅井病院理事長・院長）をはじめ全日本病院協会の有志らとともに一九八七年九月一九日に立ち上げた「民間病院問題研究所（民病研）」である。初代理事長にはセコム株式会社副会長の小島正興氏、副理事長には前出の木下二亮氏と株式会社三共（現・第一三共）副社長の阿部貞雄氏が就任した。

全国の医療法人理事長・院長、医師、事務長、学識経験者、医療関連企業によって組織された「民病研」は当時、多職種合同型のシンクタンクとして設立され、例を見ない画期的な試みとして大きな注目を浴びた。記者時代、多くの分野の有力者と交流した林社長でなければ実現しなかったと言えるだろう。発足時に「医療に対するビジョン――21世紀の医療構築への課題」を発表。「専門分野を異にする多様な有識者が、自由な発想から

1988年に開催した民病研フォーラム「私的病院のサバイバル戦略を探る」では多くの参加者を集めた

医療問題について多面的に論じ合い、政策としてまとめあげ、行政や医療界に提言する」という理念のもと、セミナーや研究会の開催、月刊誌の発行、政策提言などに尽力した結果、ＮＨＫのニュースが調査研究を取り上げるなど、その活動は医療界のみならず広く耳目を集めた。一部からは「四病院団体に続く第五の病院団体の誕生か？」という警戒の声も上がったほどである。

「民病研」は厚生省も一目置く存在になり、「医療経済を専門とする官民合同のシンクタンクをつくりたい」という相談が林社長のもとに寄せられた。官民相互の協力がわが国の医療政策の発展には不可欠と考えていたことから、財団法人医療経済研究機構（現・一般財団法人医療経済研究・社会保険福祉協会　医療経済研究機構）の発足に向けて関係各所に説明し協力を求めるなど全面的に支援。林社長が理事に就任したほか、企画・研究職として二名の社員を出向させ、同機構の事業基盤の構築に尽力した。また、同機構の出版物の制作などに関しても業務提携を結び、国民への医療問題の提起を積極的に進めることになる。

民病研は、時代の移り変わりとともにその役割にも変化を求められるようになり、二〇〇一年五月、医療という枠を超えて保健・福祉までを見据えて調査・研究に取り組むシンクタンク「株式会社ヘルスケア総合政策研究所（ヘルスケア総研）」へと発展的衣替えを行った。ヘルスケア総研の初代理事長には元・国立公衆衛生院（現・国立保健医療科学院）教授の西三

医療経済研究機構の第１回理事会で挨拶する林社長

郎氏が就任。特に介護分野での活躍が目覚ましく、介護市場分析をはじめ、介護事故やホームヘルパーの医療行為に真正面から切り込んだ出版物の刊行を通して世論に問題提起。テレビや新聞・雑誌などマスコミを賑わせた。

余談になるが、林社長は後年、一般財団法人日本医療教育財団の理事に就任、医療・介護事務職の教育・育成にも寄与した。

民間独自の「白書シリーズ」の幕開け——第一弾『医療白書』の発刊

日本医療企画はこれまで見てきたように、いろいろな取り組みをしてきたが、そのほとんどは創業時から基軸にしてきた「経営」という視点からのものだと言える。しかし、シンクタンクなどの創設を通じて、調査・研究、これを踏まえての未来展望、政策提言の重要性を痛感。この流れのなかから生まれたのが民間独自の「白書シリーズ」の企画だった。

このきっかけをつくったのは、当時、厚生省大臣官房政策課調査室長だった皆川尚史氏である。皆川氏はこの時、『厚生白書』の編集を担当しており、同省では初めての医療をテーマにした白書（一九九五年版）を制作中だった。その皆川氏から、「掲載しきれないデータが大量に出てしまった。せっかく集めた資料なのに日の目を見ないのはもったいない。どこかで活用できないだろうか」という相談があり、林社長の発案で『医療白書平成7年度版』が九五年一一月誕生したのである。

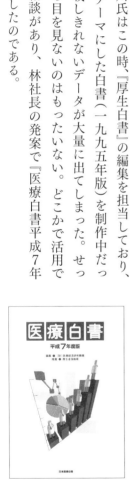

監修は皆川氏、林社長らの努力で発足したばかりの医療経済研究機構が担当。「新時代の医療人をどう育てるか」（二〇〇三年版）、「地域医療連携の可能性とその将来像」（二〇〇四年版）、「病院大再編と地域医療大変革」（二〇一二年版）など、その時代の主要テーマを中心に制作され、二十数年にわたって医療界の羅針盤として大きな役割を果たしてきた。

実際、『医療白書』は刊行を重ねるごとに、本来果たすべき役割に向けて誌面内容を変更。初年度は巻頭に鼎談や関連団体の寄稿が並び、大半はデータで占められていたが、やがて特定の団体や企業の枠を超えた議論を展開する座談会や具体的な取り組みを紹介するなど、単なる政策提言にとどまらず、国民生活や社会に影響を及ぼすテーマを押さえ、読者が先行きを見通すのに役立つものへと変貌を遂げている。

この編集手法は各方面で支持され、『医療経営白書』『介護経営白書』『栄養白書』として結実していった。これらの白書は、いまやそれぞれの分野で必要不可欠な存在となり、日本医療企画の重要な仕事の一つとなっている。

日本の医療の道筋に先鞭をつけた提言書

このほか、医療界に対する提言として注目を浴びたのは、一九九七年に刊行した『医療ビッグバン―どう変わる明日の医療―』（監修：西村周三・

京都大学経済学部教授）である。当時、厚生省（現・厚生労働省）の権威は大きく揺らいでいた。東京地検が前年の一〇月四日、エイズウイルスが混入した非加熱血液製剤の販売中止・回収を命じなかったとして、松村明仁・元生物製剤課長を、続いて一二月四日には特別養護老人ホーム建設をめぐる収賄容疑で岡光序治・前事務次官を逮捕したのだ。

厚生行政が混迷の度を深めるなかで刊行した同書は、患者負担の引き上げなどを図る医療保険制度改革論議を見据えながら、望ましい医療や制度のあり方、医療機関の勝ち残りの条件、医師の選別化・流動化、製薬・卸業界の自然淘汰など、医療ビッグバンに焦点を絞った切り口から、一二人の有識者が大胆に医療界の未来を提示したもの。たちまちベストセラーとなり、同書をもとにした論議が各所で巻き起こった。「患者・保険者参加型の医療保険制度の実現」「日本版ＤＲＧの導入」「医療訴訟の急増」「医師の選別化・流動化の先鋭化」「消える老人病院」「『福祉国家』という神話の終焉」「製薬・卸業界の自然淘汰」「ネットワーク形成が医療機関の活路」など同書で提言された内容は、今振り返ってみると大半が現実のものになっていることを考えると、日本の医療の道筋に先鞭をつけた提言と言っても過言ではない。この本の監修をした西村氏も「医療の門外漢だった私が脚光を浴び、この分野に本格的に入るきっかけとなった思い出深い本だ」と懐かしんでいる。

医療の道筋に先鞭をつけた提言が並ぶ『医療ビッグバン』

公立能登総合病院の経営改革への参画と二大本部制の実施

雑誌や書籍の発行などを通じて病医院の経営者や経営を担う人材を支援するとともに、数々の提言を行ってきた日本医療企画だが、林社長は〝外野〟から好きなことを言うのではなく、実際の医療機関の現場に入って、現場の人たちの良きパートナーとなって活動すべきだ、いつまでもスタンドで観戦記を書いているのではなく、グランドに降りて一緒にプレイすべきだ、と叫んでいた。そんな思いが具体的な形で結実したのが、林社長の故郷にある公立能登総合病院の立て直し問題だ。

石川県七尾市にある公立能登総合病院は一九七七年から二三年間にもわたって黒字経営を続け、旧自治省から優良自治体病院表彰を受けたこともある名門病院だった。しかし、約二〇〇億円を投じた新病院建設事業に伴う減価償却費や企業債償還利子、年長職員の人件費の負担増等により、二〇〇〇年に経常赤字に転落。〇五年には負債が四六億円にまで膨らむなど危機的状況を迎えていた。同院は地方公営企業法の一部適用を受けるとともに、経営改善に向けて外部有識者による経営改革委員会を設置。そのメンバーの一人として林社長が選出された。同委員会による答申は「存続するには公設民営・指定管理者制度を断行せざるを得ない」という衝撃的なものだった。この答申は市議会で全面否決されるという異例の展開となっ

二大本部制による組織改革で再生を果たした能登総合病院

たが、最終的に同院の経営陣は地方公営企業法の全部適用を導入し、三カ年で単年度収支黒字を目指す経営改革に着手することになった。ところが、この改革をこともあろうに経営改革委員会の委員の一人にすぎなかった林社長に依頼してきたのである。これまでの経緯から大いに難色を示したが、よく考えた結果、石川県七尾市は林社長の故郷に近く、また同院の設立は林社長の父親が中心になって進めたことでもあり、やむを得ず引き受けることを決断した。長年医療経営をテーマにした出版活動を行っていたことから、医療経営に関する幅広い人脈を活かし、コンサルタントなどを巻き込みながら、同院の経営改革に乗り出した。

最初に行ったのは組織改革である。具体的には、院長を中心とした医療職中心のピラミッド型の組織から、病院事業管理者の下に、医師や看護師など臨床業務を行う職員を統括する「医療本部」、経営戦略の立案や患者サービスの充実、医療法務対策、地域連携など経営管理を担う職員の所属する「経営本部」を並列に並べた二大本部制へ変更した。こうした二大本部制は、わが国の病院では例がなく、この点について林社長は「経営改革である以上、経営の存在と責任の明確な所在を示す組織改革が最重要だと判断した」と述懐している。

この組織体制については当初、「『経営本部』と言っても経営人材がいないから意味がないのではないか」という反発の声もあったが、林社長は「人材が育つまで待っていてはいつまでたっても改革は始まらない。また、経営人材をつくっても彼らが活躍できる組織と風土がなければ機能させることはできない。まず、あるべき組織からつくるべき」と押し切った。

この狙いは当たり、組織改革によって院内全体に医療本部と経営本部は「車の両輪」という意識が浸透したことで、経営本部に配属された職員は経営について勉強するようになるとともに、物怖じすることなく現場に出て医師に意見を述べる機会が増えた。医療本部と経営本部のコミュニケーションが密になるにつれ、院内全体の経営意識が向上していった結果、〇五年度八三・九％であった経常収支比率は、〇八年度には一〇〇・二％と単年度黒字経営を達成した。

医療本部と経営本部の二大本部制を中心とした組織改革によって、四六億円もの負債を抱えて危機的状況に陥っていた公立能登総合病院を建て直したことで、同社では改めて医療経営における「経営人材」と「経営人材が活躍できる環境」の重要性を認識。この時の経験は、その後の「医療経営士」事業へと受け継がれていった。

自治医科大学の大宮市進出問題と林社長の役割

公立能登総合病院の改革は、これまでの出版活動から見てかなり縁遠い仕事だが、これをあえて引き受けて成功させたわけだから、これも林社長ならではの発想力と実践力によるところが大きい――と見る人が多い。こうした林社長の個性と力量を高く買って、全面バックアップを依頼してきたケースがもう一つある。それは、大宮医師会とともに四年間にわたって自治医科大学と闘った「自治医科大学闘争」である。

発端は一九八五年一二月、大宮医師会から埼玉県大宮市（現・さいたま市）に自治医科大学第二附属病院を誘致する計画があり、その計画に対する反対活動に「力を貸してほしい」という協力要請を受けたことにある。当初は「医師会の既得権益を守るための運動ではないか」という疑念もあったものの、八六年の正月明けに林社長が大宮医師会を訪問したところ、大宮医師会会長をはじめ、大宮医師会と埼玉県医師会の幹部が集まっており、自治医大に対するさまざまな問題についての相談を受けた。このなかで医師会側から、▽へき地医療の充実を目的に設立した自治医大が人口三七万人の中核都市に研修用の総合病院をつくるのはおかしい、▽自治医大の運営費は各都道府県が年間一億円負担しているにもかかわらず、卒業生の大半は地方都市の比較的大きな県立病院に赴任し、へき地や離島などの医療過疎地には行っておらず、本来の役割を果たしていない――の二点が問題提起され、林社長も「これは大変な問題だ」と判断、その場で一緒に取り組む決断をした。以降、会社での仕事を終えた後は大宮医師会に足を運んで反対活動の相談に乗り、自宅に帰るのは午前二時過ぎという毎日が始まった。

当時、大宮市や埼玉県が大々的に自治医大の誘致キャンペーンを展開していたなかで、どのようにして世論を味方につけるかが一番の課題となった。そのなかで出てきたのが、林社長の提案による『健康さいたま』の創刊（八五年一一月）である。県医師会と提携して数万部を発行し、県内の医療機関の待合室に並べて、自治医大誘致の矛盾を訴えた。

さらに、国を動かすため、八一年に発足した第二次臨時行政調査会（第二臨調）のメンバーで、林社長が親しくしていたウシオ電機の牛尾治朗会長に協力を仰いだこともあった。自治医大の管轄は自治省（現・総務省）であり、その前身は内務省であったことから、「世が世なら殺されてもおかしくない……」と、驚かれたという。

自治医大の大宮市進出に対する反対運動が過熱するにつれて、自治医大は日本医療企画を目の敵とするようになった。これについてのエピソードがいくつかある。一つは、林社長と旧知の間柄であった慶應義塾大学の加藤寛教授の事務所で、偶然にも自治医大の理事長と鉢合わせになったこと。その場で口論になったため、加藤教授が仲裁に入り、当時出演していたTVワイドショー『ルックルックこんにちは』で、地域医療についての対談を行おうと持ちかけた。残念ながら、理事長が出演拒否をしたため、加藤教授と林社長が討論しながら地域医療および自治医大の問題を提起するという内容になった。

もう一つは、当時『ばんぶう』で連載していた行天良雄（NHK解説委員）対談で、高久史麿自治医大学長と対面した時のことだ。対談当日、『ばんぶう』の奥付を見て林社長の名前を発見した高久学長は、急きょ対談を中止すると言ってきたのである。行天氏の説得もあって何とか行われたものの、自治医大の学長との対談が対立していた同社の雑誌に載るという、ユニークな結果になった。

『健康さいたま』以外にも、わずか一カ月で『自治医大はどこへ行く』という書籍をまとめて世に問うたほか、林社長のテレビ出演や産経新聞での反対キャンペーンなど大宮医師会と連携しながら大々的な反対活動を展開したが、やがて自治医大闘争は終焉を迎えることになる。県医師会の幹部を皮切りに反対派の中心人物が次々に抱き込まれ、反対派が崩壊したためだ。敗れはしたが、当時、埼玉県医師会の法律顧問をしていた須田清弁護士は、当時を振り返りながら、「反対運動の一部始終を見ていたが、今から考えると、あの運動があったからこそ今日の両者の理解・友好関係があるのではないか。その意味で、反対のための反対ではなく、意味のある戦いだった。林社長の果たした役割は大きい」と総括している。

医療版現代用語の基礎知識『ＷＩＢＡ』の発刊と一般への保健、医療、福祉情報・知識の普及促進

日本医療企画が創立一〇周年を迎えた一九九〇年当時は、疾病の一次予防をはじめとする保健活動の必要性が叫ばれていた。また、公的介護の充実を図る政策として、九九年度までの在宅サービスと施設サービスの緊急

わずか１カ月でまとめられた
『自治医大はどこへ行く』

整備を柱に掲げ、それぞれの具体的な目標数値を示した「ゴールドプラン（高齢者保健福祉推進10カ年戦略）」策定（八九年）により、地域の介護力に対する世間の関心が高まりつつあった。

それにもかかわらず、保健・医療・福祉に関する情報は基本的に専門家が独占しており、入手しようにも官庁が発行する難解な文言を連ねた文書を「解読」する以外に手段がないという状況だった。

この課題の解決に向け、「医療や介護は本来、国民一人ひとりのものであり、こんな情報独占状態は許されるはずがない。問題を指摘するだけではなく実際に解決に資するものを出そう」という考えから日本医療企画一〇周年記念事業として九〇年四月に刊行したのが、本邦初となる保健・医療・福祉の総合年鑑『ＷＩＢＡ（ウイバ）'90』だった。

これは「医療版現代用語の基礎知識」と言えるものであり、保健・医療・福祉界の最新動向と今後の方向を知るためのキーワード四〇〇〇語を厳選・収録。これまで日本医療企画が取り組んできた「医療」「医療経済・経営」以外に「健康づくり」「環境」「食」といった一般向けの身近なテーマを取り扱う一方、「各国の医療・福祉の動向」「国際問題」「長寿社会の保健・医療・福祉・余暇」など、二一章にわたる幅広い分野を網羅した。

しかも、保健・医療・福祉の各分野に従事する人だけではなく、一般の人でも理解できるように、各専門家が平易な文章と的確な表現で解説をしているのも大きな特徴だった。

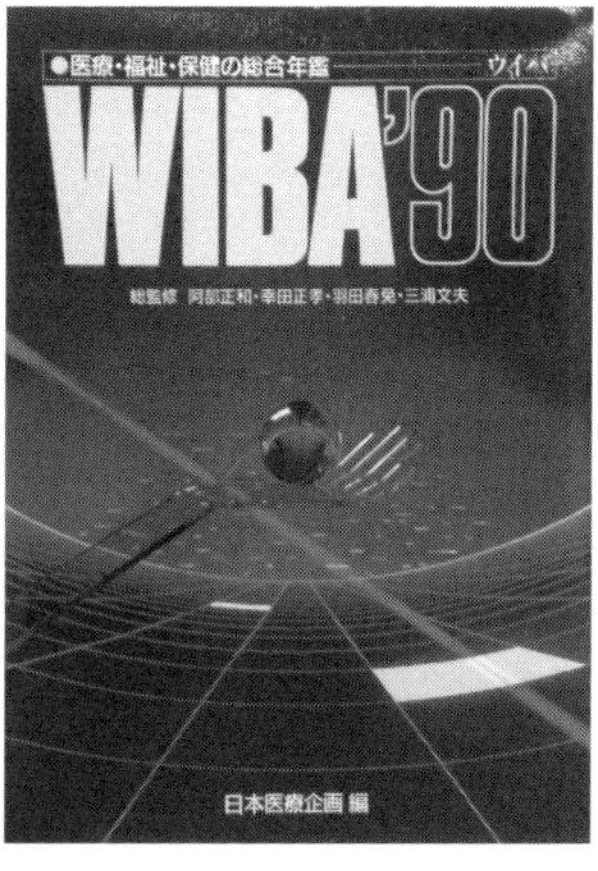

日本医療企画10周年記念事業として1990年４月に刊行した『WIBA'90』

改訂版である『ＷＩＢＡ'91』では、創刊号で「医療・歯科医療」としていた項目を二章に分け、より詳細な説明を加え、九二年版では「看護」、九三年版では「リハビリテーション」を加え、収録語数は創刊号の一・五倍となる約六〇〇〇語にのぼった。九六年版では阪神・淡路大震災の経験から「災害医療」の項目を設けたほか、四七都道府県、全政令指定都市での保健・医療・福祉の取り組みについて、図表や写真を用いてわかりやすく解説も行った。約四〇〇人の専門家の協力のもと、七〇〇〇語に及ぶキーワードを収録した二〇〇一年版を最後に、同シリーズはひと時の休眠期間を迎えている。

官庁が発行する難解な文書を解読できるだけの基礎知識を提供するために創刊された『ＷＩＢＡ』シリーズだが、意外なことにそうした文書をつくる側であった旧厚生省の官僚たちにもよく活用されていたという。情報の受け手側だけではなく発信側にもアプローチした結果となり、情報独占状態の解消に一役買っていたと言える。

ジャーナリズムにとって批判精神は非常に重要であるが、批判しているだけでは問題は解決しない。「情報がない」「情報の非対称性が著しい」と問題点を指摘するだけにとどまらず、「問題があるのであれば解決するために何をすべきか考える」という信念のもと発刊した『ＷＩＢＡ』に込められた思いは、病医院情報の公開を目指して後に発行される『ホスピタウン』『全国病医院情報』に受け継がれていった。

『WIBA 2001年版』では、約400人の専門家の協力のもと、7000語に及ぶキーワードを収録した

産官学界の一流の講師をそろえたセミナー事業本格化

二〇一六年に創刊三五周年を迎える『ばんぶう』をはじめ、創刊三二年の『フェイズ3』、二三年の『ヘルスケア・レストラン』、一三年の『介護ビジョン』と、休刊の相次ぐ厳しい雑誌業界にあって、日本医療企画には長命な雑誌が多い。医療・介護経営や栄養管理など、競合の少ない専門分野を対象にしていることもあるが、背景には雑誌以外のサービスを提供することで読者のニーズに応えてきたことも大きい。それを象徴するのが各種セミナーの充実だ。日本医療企画では大小を問わず全国で年間一五〇回ほどのセミナーを開催し、誌面では伝えきれない生の情報発信や関係者間の議論を行っている。

なかでも高い評価を受けているのが創刊記念フォーラムである。〇一年の『ばんぶう』創刊二〇周年特別記念フォーラムでは、「医療改革の行方」をテーマに田中滋氏（慶應義塾大学大学院経営管理研究科教授）、島崎謙治氏（厚生労働省保険課長）、本間正明氏（大阪大学教授、経済諮問会議委員）、高木安雄氏（九州大学大学院教授）など、医療経営・制度に造詣の深い有識者が演者として勢揃いした。また、一四年の『介護ビジョン』創刊10周年記念フォーラムでは、「介護経営再考・変革期を勝ち抜く経営の条件」と題し、宮島俊彦氏（前・厚生労働省老健局長）、西村周三氏（国立社会保障・

人口問題研究所所長）、樋渡啓祐氏（佐賀県武雄市長）、森田直行氏（京セラ副会長、ＫＣＣＳマネジメントコンサルティング会長）、小早川仁氏（学研ココファン社長）、安藤高朗氏（全日本病院協会副会長）、冨永健司氏（社会福祉法人九州キリスト教社会福祉事業団理事長）、荒井信雄氏（全国訪問介護協議会会長）など、医療・介護に関する産官学それぞれを代表する有識者が集まった。

第一線で活躍中の人たちを集めることができた背景には、それぞれの専門分野において大きな影響力を持っていたことのほか、林社長の人脈によるところも大きい。なかでも宮島俊彦氏と林社長は長年にわたる交流があり、何かにつけて相談に乗ってもらう旧知の間柄だ。宮島氏は一九七七年に厚生省に入省し、老健局長時代には地域包括ケアシステムの概念を打ち出すなど、現在二〇二五年以降を見据えて進められている医療・介護の提供体制の改革に先鞭をつけた、大物官僚である。その宮島氏をはじめわが国の医療・介護政策をつくり上げてきた人物と、現場の第一線で活躍している医療・介護経営者という普段あまり交わることのない人たちをつなげ、今後の社会保障や医療・介護経営、そして現場のあり方などを議論する場を提供したという意味でも創刊記念フォーラムの果たした役割は大きいと言えよう。

第3章　病医院情報公開の扉を開く

第325号　（第3種郵便物認可）

ほっとらいん

――去る六月十日、病院情報を満載した月刊誌「Hospi-Town」を創刊なさいましたが、その背景は？

「私は新聞記者（産経新聞経済部）を経て、十年前に医療関係の出版会社を設立しました。

病院のことを知れば知るほど、病院と患者のコミュニケーションが不足していることを痛感しました。これは病院にとっても私たち利用者にとってもとても不幸なことです。しかし、制約も多く、ともすれば病院の情報をオープンにすることはタブー視されていました。常々これではいけないと思っていたところ、医療法も改正され、病院を機能別に分けるなど新しい医療システムが取り入れられるようになってきました。

病院サイドも患者さんの立場に立った医療のあり方やサービスを真剣に考慮し、自助努力をしています。患者と病院のコミュニケーション誌をつくることは、時代の要請だと痛感したのです」

初の病院情報月刊誌を創刊して

㈱日本医療企画代表取締役社長　林 諄さんに聞く

〝病院を選ぶ時代〟に向けて

――それで、創刊に踏み切ったわけですね。反響はいかがですか。

「三十万部発行しましたが、大手書店でもすぐに売り切れ、一般の方からの申し込みや問い合わせが数多く舞い込んでいます。読者にとっては健康情報誌であり、病院にとっては、経営情報誌になり得ると思います」

――創刊号の特集は「老人病院の選び方」、「風景のある病院」、あるいは全国百七十六病院を取り上げた「各地の病院・医療情報」などで構成されていますね。

「病院の窓から見える風景まで紹介するのは、長期入院患者にとっては、目に入る風景も大切ではないかと思うからです」

――私たちは、いままで病院を選択する情報を与えられていませんでした。

「そうなんです。病院選択の動機、つまり、この雑誌の切り口はいくらでもあるはずです。

例えば、食事がおいしい病院、待たせない病院、患者と看護婦のコミュニケーションを重視する病院、予防医学に徹している病院なども考えています。

いま、全国に二百人のスタッフをおいていますが、これからこのネットワークを強化して、全国の病院・医療情報をさらにきめ細かく紹介していくつもりです。私たち患者が病院を選ぶ時代をつくっていきたいと思います」

平成5年(1993年)　7月4日　日曜日　　産経

医療機関を身近なものに

「ホスピタウン」日本医療企画社長
林諄さん（54）

先ごろ、老人保険給付費が初の六兆円台に乗り、老人医療費が医療費全体の膨張の要因になっているという報道があった。原因は、高度な医療技術や検査、高価な薬の使用など。一病院の診断では安心できず、いくつかの病院を回ったり、症状に合った適切な治療が施されないため通入院が長期にわたるなど、病院情報の不足によるむだな医療費の支出もある。

「こういう病院があります、ということがわかっていれば、病気は早く治る。情報化社会にふさわしい病院情報を流すべきだと判断しました」。

六月創刊、八月からは月刊になる。

「病医院がわかる本」というサブタイトルにあるように、創刊号では「寝たきりにさせない老人病院の選び方」「この症状ならこの診療科」など全国的な情報に加え、「各地域の病医院・医療情報」とブロック別病院紹介も収録している。病院ガイドと言ってもいいだろう。

「医療機関は大半の人が生まれて死ぬ場所。身近にあるにもかかわらず、その閉鎖性などが原因で、遠い存在になっています。正しい情報に基づいて、良い病院は良い病院としてPRすべきだと願います」

広告を制限する医療法や、病医院情報は暗いというイメージ、病院の閉鎖体質などを打破するきっかけになることを目指す。

「いくら名医を紹介しても、診てもらえる人は限られています。それよりも最新機器を備えた所や、特徴あるサービスシステムを取り入れた病院を紹介したほうが有効ではないか」

海外も含め、全国にいる四百人近くの情報提供者からの報告や記者自身による体験取材により、さまざまな角度から医療機関を紹介。保存版として利用できる内容的充実を図る。

「地域住民や患者にとっては一種の健康情報であり、また、医療機関に対しては差別化を促す経営情報でもあるのです」

（本多香保里）

出版　ほっとらいん

日本で初めて患者のための医療情報を身近な存在とした功績は、『産経新聞』をはじめとする各メディア、単行本『メディアを動かす顔』（東京新聞出版局）にも大きく紹介された

わが国初の病医院情報誌『ホスピタウン』の登場
――ＮＨＫのニュースなどで大々的に報道

病院ランキングや名医選びの書籍や雑誌など、今でこそ当たり前のように書店に並んでいるが、その先鞭をつけたのが一九九三年六月に創刊した日本初の病医院情報誌『ホスピタウン』である。雑誌名は英語の「hospital（病院）」と「town（町）」とを組み合わせた和製英語である。

同誌の創刊の背景には、林社長が創業時から抱いていた悲願とも言える強い意思が働いていた。それは、医療・介護情報は最終の受け手である一般国民に届けてこそ完結する――という考え方だ。この点について林社長は「業界誌は業界が終点。一般誌は国民が終点で、これをやり遂げなければ意味がない」と言い続けてきた。当時、国による広告規制のもと、病医院や医師に関する情報はほとんどオープンにされていなかった。発行前年の九二年に第二次改正医療法が施行され、四八年の医療法制定以来初めてとなる医療情報に関する広告の規制緩和が行われている。しかし、院外広告で可能になったものは予約制や往診の有無、病院の設備、看護体制などごく一部に限られていた。そのため、患者はどの病医院や医師にかかれば自分の求める医療を受けることができるかわからないという状況だったのである。自分の身体を預ける病医院や医師の情報を手に入れることができないのは明らかにおかしなことであるにもかかわらず、誰も手をつけてこ

病院情報を満載
月刊誌10日創刊

けがや病気になったとき、どこの病院に行けばよいだろうかと困った経験のある人は多い。さまざまな視点からの病院紹介、病院に関する情報を満載した月刊誌「Hosp・i・town」が十日、創刊される。具体的な病院名を挙げ、最新の機器を持っているのはどこかといった紹介から「病室から富士山が見える病院」などユニークな特集も組まれている。また「保険の歯はよくないというが本当か」「俗にいう"名医"とは本当に信用できるのか」「えらい先生にかかるには余分に金がいるのか」など一般の人が本当に知りたい情報を提供する。

Hosp・i・townは、医療業界向けの出版社日本医療企画（東京都千代田区、林諄社長）が発行する。

サブタイトルは"病医院がわかる本"。同社がこれまで培ってきた取材網をベースに、初めて本格的な病院利用者向けに取り組んだ雑誌。

同誌の特徴は三つ。まず全国の病院を機能別、専門別、特殊疾患別、患者に対するサービス別などに分けて紹介。どこの大学とつながって、どんな治療が得意で担当医はだれか、予約はいるのかなど。「スキーやゴルフができる」「食事がおいしい」などユニークな視点からの特集も。

次に病院選びのポイント。入院料、保険外費用のこと、医療や保険の仕組みでは「知らないと損をする保険利用法」など。また新しい治療技術、検査や薬の最新情報を分かりやすく解説している。

三つ目として、病院、医療に関する話題、おもしろ情報などを盛り込んでいる。

「ともすればタブー視されていた病院の情報をオープンにして、"病院を選ぶ時代"へ向ける」というのが創刊の趣旨。医療を受ける側にとっては画期的ともいえるが、一方で病院側の宣伝になりはしないかとの危ぐもある。

このことについて、同誌の藤木一夫編集長は「われわれなりの基準をしっかり持って、客観的な視点を心掛けた。医療関係者、読者からの口コミを基にして、それをうのみにせず丹念に取材した」と話している。

「Hosp・i・town」創刊号の表紙

『ホスピタウン』創刊を大々的に報道する新聞紙面

病院情報得るなら これがいいんです
月刊ガイドブック創刊

良い病院を選びたくても病院の情報があまり多くない。そこで、医療雑誌などの出版・販売を手掛ける日本医療企画（東京・千代田、林諄社長）は十日、病医院の情報を集めた月刊誌「ホスピタウン」を創刊する。病院のガイドブックとして話題を呼びそうだ。

全国の病院紹介が中心で、医師や設備はもちろん、食事、病室の窓から見える景色といったきめ細かな情報を提供するという。

病院の選び方、話題の医師、最新医療情報なども紹介する。病院紹介券や相談券が添付してあり、郵送や電話による医師紹介サービスも受け付ける。

定価は六百八十円で、同社に直接申し込むか、大手書店やスーパーでも販売している。「一般の人が知りたいと思う的確な医療機関情報を載せていきたい。国際化時代に対応し、海外の病院情報はこれからも扱っていきたい」（林社長）という。

日本医療企画が創刊する「ホスピタウン」

なかったということから、当時の広告規制の堅牢さがうかがえる。

『ホスピタウン』は、この広告規制を打破し、医療機関や医師の情報開示へ挑戦した結果、誕生したものである。医療機関や医師が自ら情報を発信できないのであれば、第三者が取材し記事として提供すればいいのではないか――という画期的な発想であった。これまでになかったことでもあり、その創刊はＮＨＫのニュースで報道されたのをはじめ、テレビや新聞・雑誌にもたびたび取り上げられ、大きな反響を巻き起こした。病院情報がオープンになるということが、それだけ大きな出来事だったのである。

誌面では地域住民と医療機関をつなぐコミュニティとして「ホスピタウン構想」を提唱し、病医院や医師選びに必要な具体的な病医院・医師情報のほか、高齢化の進展によるニーズが高まってきたこともあり高齢者介護・施設の情報も盛り込んだ。『ホスピタウン』は患者、介護サービス利用者、地域住民にとって貴重な情報源となるとともに、認知度が高まるに伴って、病医院が積極的に情報公開を行うという流れもつくりだすことになった。

ただ、前代未聞の雑誌だっただけに販売は一筋縄ではいかなかった。そもそも病医院向け雑誌・書籍を発行してきた専門出版社が「まったくベクトルが違う」一般向け病医院情報誌を手がけるリスクを指摘する声は、社外だけでなく社内からも出ていた。さらに、広告収入に見通しが立たなくなる事態まで起きた。取次では「病院などという非日常的な情報では、毎号出す意味がない」と言われる始末で、書店への配本も断られてしまった。

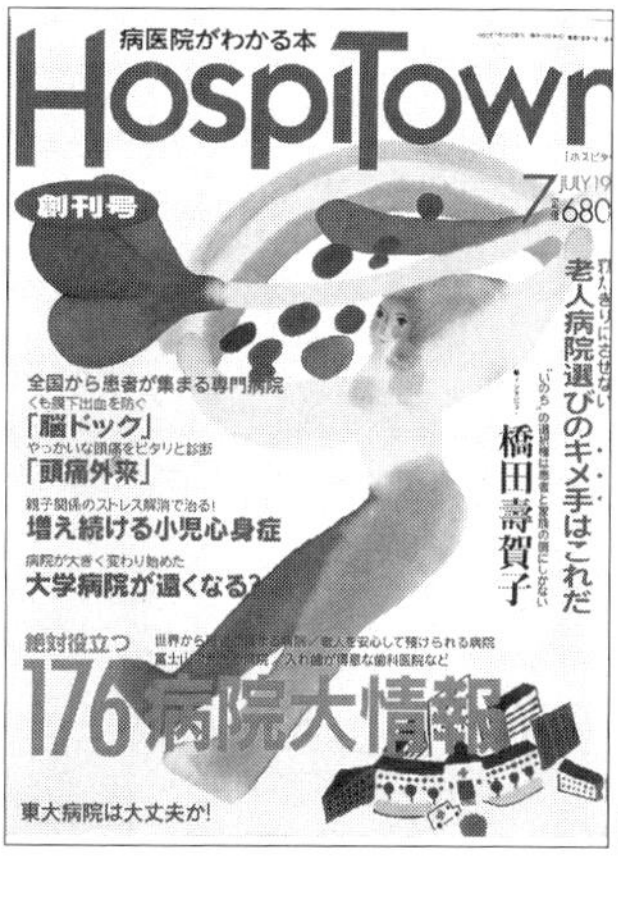

『ホスピタウン』創刊号では、橋田壽賀子氏にインタビュー

それでも「病医院の情報を一般の人々に届ける」という方針がブレることはなかった。社員総出で分担して各書店に足を運び、陳列してもらうよう掛け合い、「取扱い書店」を文字どおり手弁当で広げていった。画期的だったのは、このような専門情報誌が、最初からセブンイレブンやローソンなどコンビニエンスストアの店頭に並べられ、販売されたことだった。とはいっても、初めからスムーズにいったわけではなかった。林社長の経済記者時代の人脈を使って、当時ダイエー社長の中内切氏を口説き落とす一点突破に挑戦。同社の営業本部長は「コンビニの雑誌コーナーには、こんな専門雑誌は置いていません」と取り合わない姿勢を見せたが、「『ホスピタウン』は生活情報誌なんです。地域の生活に密着し、それを支えていくコンビニに置いてあって何かおかしいことがありますか」と繰り返し説いた末に、ようやく納得してもらい、販売にこぎつけた。ここまできた背景には、銀行の理解と後押しがあったことも大きい。

今でこそ、週刊誌等でも日常的に病医院の情報は取り上げられ、コンビニでも当然のように販売されているが、「病医院情報＝生活情報だから、身近にあるべき」という発想を持ったのは、『ホスピタウン』が初めてだろう。

従来の〝常識〟を打ち破った『全国病医院情報』の創刊
——ＮＨＫ企画委員、雑誌人一〇〇人の一人にも選ばれた林社長

「どのような切り口にすれば面白く見せることができるのか」。編集者で

病気のお見舞い
もらって迷惑するのはナニ!?
話題の医療情報誌「ホスピタウン」の上手な利用法
電話で病院紹介のサービス
病院でなく健康院を

林社長自ら取材を受け、『ホスピタウン』の上手な利用法を解説

あれば誰もが常に考えていることだ。この編集者にとっての永遠の課題と徹底的に向き合ったのが、一九九五年一月に創刊した『全国病医院情報』である。これは『ホスピタウン』創刊によって改めて喚起された「病医院についての情報を知りたい」という国民的要望に応えるために企画されたもので、わが国及び海外の知名度の高い病医院約三四〇〇のデータを一冊にまとめた本邦初の病医院情報本である。この背景にも、林社長の経済記者時代からの「会社四季報と同じ判型の病医院情報本をつくれないか」との思いが強く影響していた。疾病治療から患者サービス、環境・アメニティ、健康管理・予防までおよそ二八〇の項目別に病医院を分類し、読者は項目別に検索することで目指す病院にたどり着けるという仕組みになっている。

たとえば、「日本一の霊峰である富士山を毎日拝める病室で過ごしたい」という人のための「富士山を拝める病室のある病院」といった項目や、「食事のおいしい病院」「森林浴ができる病院」「手術が見学できる病院」「日本語の通じる世界の病院」といった多様な項目が並び、その内容は副題にある「あなたの行きたい病院がわかる」に恥じぬ一般読者にとっても極めてわかりやすいものとなっている。

きめ細かなニーズに応えるため、制作過程では「どんな特色のある病院がいいだろうか」と、思いつくままに項目を会議であげていった。なかには「きれいな看護師がそろっている病院」といった冗談のような意見もあったが、まずは制約なしに、自由な発想で考えていくことを第一に議論を進めた結

国内外の有名病院3400のデータを一冊にまとめた『全国病医院情報』

果が、ほかにはないユニークな病医院のガイドブックとして結実した。

とはいっても、その制作は順風満帆と言えるものではなかった。疾病中心の時代に、疾病以外の特色を打ち出したことに対する病院側の反発は予想以上に強く、制作は難航した。苦労しながらも繰り返し趣旨を説明し、最終的には掲載の許可を得ていった。

『全国病医院情報』は日本医療企画のモットーである「常識にこだわらない」という発想を追求し具現化した、同社を代表する商品である。企画段階で「こんな分類をすると病院に文句を言われるのでは…」と恐れていたら、こんな独創的なものはできなかっただろう。新しいものをつくる時は遊び心や余裕が必要である。最初から枠を決めてしまっては、枠のなかに収まる意見しか出てこないからだ。既成の枠にとらわれずに考えることが、新しい見方や発想を生み出すということを改めて確認した事業であった。

会社経営において、リスクマネジメントは大切である。しかし、リスクを考えることが一歩踏み出せない言い訳になる恐れもある。社員一人ひとりにとっても自らを問い直す事業でもあった。

『ホスピタウン』創刊が社会に大きな影響を与えたことを表すエピソードがある。『メディアを動かす顔―新聞から見た雑誌人―』(東京新聞出版局、村手久枝著、一九九六年)において、林社長が取り上げられたのである。この書籍は時代を動かす雑誌づくりに情熱を注いでいる人たちの考え方や行動を紹介することで現代の潮流を伝えるという目的で編集され、このな

書籍『メディアを動かす顔』では、時代を代表する雑誌人100人の１人として林社長が選ばれた

かで花田紀凱氏（『週刊文春』編集長）、椎名誠氏（『本の雑誌』編集長）といった当代きっての編集人・言論人たち一〇〇人とともに林社長が選ばれた。中小の専門出版社が入るということは異例中の異例だった。また、こうした実績を買われ、ＮＨＫ企画委員に任命されたほか、ラジオ番組にも出演し、医療問題についての解説なども行った。

電光ニュースサービス事業と待合室の再開発

「予約した時間に行っても順番が回ってこない」「診察後も会計で待たされる」――。「3時間待ちの3分診療」などと揶揄されるように、「待ち時間」は今も昔も患者にとって病医院に対する最大の不満である。問題が顕在化しているにもかかわらず、従前病医院には「診てやっている」という意識が強かったため、待ち時間対策に真正面から取り組んでいるところは少なかった。もっとも人気のある病院ほど、患者の数が多いために患者も「仕方ない」と諦めていた節もあった。もちろん、こうしたニーズを目の前にして日本医療企画が素通りするはずがない。

「物理的な待ち時間を短縮できないのであれば、待合室を患者が有意義に過ごせる空間にすればいい」。この逆転の発想によって日本医療企画では、待合室を活性化させるためのプロジェクトに着手。それが一九九六年五月にスタートした『電光ニュースサービス』事業である。これは病院待合室

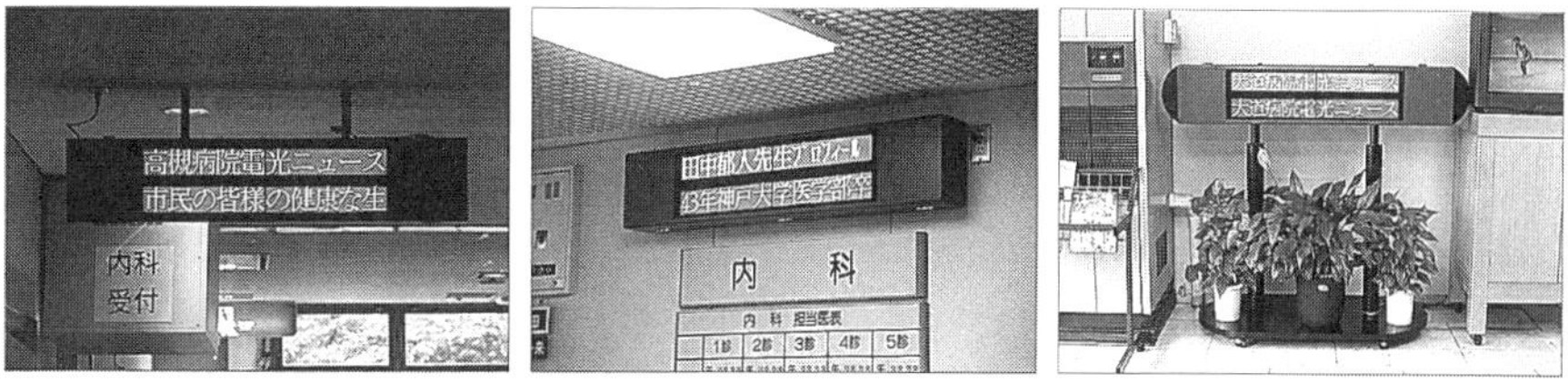

待ち時間対策に真正面から取り組んだ『電光ニュースサービス』事業

に電光ニュースボードを設置して、病院情報や患者へのお知らせ、健康情報のほか、読売新聞と夕刊フジのニュースを本社に設置した放送センターから電話回線を使って配信するというものだ。

電光ニュースサービスは聖路加国際病院を皮切りに、先駆的な取り組みを行う病院が相次いで導入するなど、待ち時間を有効に活用してもらうための革新的なツールとして大きな反響を呼んだ。「医療における提供側と受容側の情報格差の是正」に向け、配信するニュースのなかには医師のプロフィールや院内外のイベント情報など、医療機関を身近に感じることができる内容も盛り込んだ。電光ニュースサービスは結果的に医療機関の情報開示を促すことにもつながったと言える。

新幹線車内では現在、乗客が退屈しないように電光掲示板ニュースが配信されているが、病院待合室の活性化に向けて電光ニュースサービスを開始したのは今から二〇年前のこと。このことからも革新的な取り組みであったことがわかるだろう。

スタート当初は電光ニュースボードで文字情報だけを流すというものであったが、その後、大型ディスプレイを活用した情報提供サービス「お知らせネット」へと発展させたほか、待合室を「医療・介護・健康関連商品のショーウインドー」とすることを目指し、健康に関心のある患者のための書籍を並べる専用ラックの設置も行った。

サービスをつくるだけで満足するのではなく、常により良いものへと進化させていくための努力をするのは、林社長が最も大切にしていることであり、日本医療企画の基本スタンスでもある。消費者にとって「ベストな形とは何なのか」を追求していくことが、新しいサービスの創造・発展につながることを物語るエピソードだ。

失敗が生み出した新事業――『標準治療』

わが国は国民皆保険のもと、誰もが日本中どこにいても同じ医療を受けることができる。もちろん、これはあくまでも建前であり、実際には大学病院ごとに重視する治療方法は異なり、それにつらなる市中病院における治療内容も千差万別である。

「本当に自分の病気に合った治療をしてくれるのか」「ほかにもっと良い治療法があるのではないか」――。近年、患者や家族がそのような心配をすることがなく、また治療する側の医療者も迷いなく医療を提供することができるよう、医療の現場においては「治療の標準化・ガイドライン化」が進んでいる。日本医療企画ではその流れに先んじるように治療の標準化の必要性を指摘する声があがり、その思いを具現化したのが、二〇〇二年四月に刊行した『標準治療２００２・２００３』である。

「あなたの最新治療がわかる本」と銘打った同書では、医療の品質の安定化と向上のための仕組みづくりの提言を行ってきた寺下医学事務所代表の寺下謙三

第一線の専門医66人が最新・最良の治療法を解説する『標準治療』

氏総監修のもと、第一線の専門医六六人が数多くの疾患について最新・最良の治療法をわかりやすく解説している。ここで言う「標準」とは国や学会が定めたものではなく、第一線で活躍中の専門医が実際に行っている治療そのものであり、いわば「事実上の標準」（デファクトスタンダード）であるということが大きな特徴だ。あらゆる疾患の説明から治療法、受診のコツまでわかりやすく提示している同書は、医療に関する知識を十分に持っていない一般の人が読んで、自分が受けている治療に対して不安や疑問を抱くことなく、安心して治療を受けられるための羅針盤として、多くの読者に受け入れられ、好評を博した。

実は同書はもともとインターネット事業としてスタートする予定だった。実際、インターネットの一般への普及が進み始めた二〇〇〇年に、いち早く疾患・病院・薬情報を紹介するサイトを開設するため、インターネット会社と合弁会社を設立。日本医療企画の持つ医療分野のネットワークとインターネット会社の技術を融合させれば、素晴らしいサービスが生まれるはずと考えていたが、合弁会社の社長による放漫経営で資金が食いつぶされる一方で、事業は遅々として進まなかった。林社長は「これではだめだ」と決断し、合弁会社を解消。その後、この事業で蓄積された情報を何とか世に出せないかと考えてたどり着いたのが『標準治療』の発刊だったのである。まさに「転んでもただでは起きない」というこの会社の良さが生きた事業と言える。

『標準治療』は書籍として改訂を重ねた後、一般の人に向けた治療法の解説という他に類を見ない独創的な発想と内容が評価され、ＹＡＨＯＯ！ＪＡＰＡＮが運営する健康サイト「ＹＡＨＯＯ！ヘルスケア」のコンテンツに採用され、現在ではスマートフォンアプリとしても広く使われている。紆余曲折を経た後、日本医療企画のネットを使って「患者さんにわかりやすく治療法・内容を伝える」という目的は実現したのである。

第4章　介護業界への本格進出
――教材部門トップに躍り出る――

1994年にホームヘルパーテキストを発刊、介護の教材づくりに乗り出す

テキスト開発による一社独占市場の打破と試験解答速報の実施

わが国では一九九〇年に高齢社会に突入し、高齢者介護が社会問題化するなかで、日本医療企画は〝在宅医療元年〟とも言える九二年にいち早く「家庭介護」に焦点を当てたムックシリーズを発刊した。そうした問題への対応策として、介護を社会全体で支える「自立と連帯」を基本理念とする介護保険法案が国会で審議されたが、その動きを見据えながら、『ばんぶう』では九五年から介護保険をテーマにした問題提起型特集を定期的に企画。そのうちの一つ、『10兆円介護ビジネスの虚と実』は書籍化もされ、話題を呼んだ。医療業界だけではなく介護業界に対しても問題意識を持ちながら、業界の動きを注視していたわけだが、それはその後のテキスト発刊にもつながっていく。

やがて二〇〇〇年には介護保険制度が始まり、高齢者介護サービスの利用方式は措置から契約へと代わり、民間事業者にも介護事業参入への門戸が開かれることとなった。そのサービスを支える介護人材「ホームヘルパー（現・介護職員初任者研修）」を育成するためのテキスト（以下、ホームヘルパーテキスト）を日本医療企画は一九九九年四月に発刊した。当初は「役所が考えた路線に乗る」ことを是とせず、テキスト発刊に積極的に参入する気はなかったが、ニチイ学館の当時の副社長からの相談をきっかけに、

『ばんぶう』の介護保険特集から誕生した『10兆円介護ビジネスの虚と実』

その方針を見直すこととなった。それは、「長寿社会開発センターのテキストは何冊買っても値段が下がらない。どうにかならないか」というものだった。

当時、ホームヘルパーテキストを制作していたのは、長寿社会開発センターのみ。一社独占の状況であり、どれだけ購入しても価格を引き下げることはなかったという。「それはおかしい」との正義感から、国際医療福祉大学の初代学長である大谷藤郎氏に全面協力を依頼し即座にテキスト制作に着手するとともに、林社長が新聞記者時代に培った厚生省の人脈を生かして役所に対する根回しも開始した。

こうした電光石火の取り組みでホームヘルパーテキストの制作を開始するも、ニチイ学館からは「他社には提供しないでほしい」という要望が寄せられた。「仮にニチイ学館からの注文が来なくなると事業が成り立たなくなる」と判断し、その要望を拒否した。この判断が、後の日本医療企画の教材発展に寄与することになった。

さて、ホームヘルパーテキストは完成したものの、販売にあたっては都道府県の認可が必要となる。林社長は47都道府県すべてに自ら足を運び、担当者に会い、認可を得た。現在、日本医療企画では都道府県ごとに営業の担当者を決めてホームヘルパーテキストの営業活動を行っているが、認可を得てすぐに営業を開始するという手法は現在も受け継がれている。

話は前後するが、林社長はこの教材を開発するにあたり、社員に厳命し

業界シェアナンバー1を誇る
ホームヘルパーテキスト

たことがある。「介護は心の産業だということを忘れるな」である。イタリアに元モデルで靴磨き職人のロザーナ・ダッラーゴが社長を務めている「ロザーナの店」という、有名な靴磨き屋がある。彼女の店に通う常連客に話を聞くと「彼女に靴を磨いてもらうと、心まで磨かれているような気がする」と言う。つまり、靴を磨く技術よりも大切なものがあるということだ。これは介護の世界にもそのまま通じることであり、仕事に対する誇り・使命感、そういったものをしっかりと持つことが、利用者の心に届く。同様に「日本医療企画の教材で学んだ職員の介護を受けると、心まで癒される」。そんな商品づくりを常に目標としたことが、他社の追随を許さないホームヘルパーテキストへと発展したのだ。現在ではこれをベースにさまざまな介護人材に関する教材が生み出されているが、すべては「介護は心の産業」という考えが根底にあるという。

そうした開発姿勢が実を結び、日本医療企画のホームヘルパーテキストは現在、業界ナンバー1のシェアを誇っている。

ケアマネジャー試験解答速報の実施

日本医療企画が育成に力を入れているのはホームヘルパーだけではない。介護保険制度施行当初、サービスを支える人材としてホームヘルパーと並んで充実が求められたケアマネジャー（介護支援専門員）も、その一つだ。利用者に提供するサービスのプランを作成し、管理するシステムは、介護保険制度の目玉でもあり、その任にあたるのがケアマネジャーだ。医師や看護師をはじめ介護福祉士、その他、一定の実務経験を有する介護職員が「介護支援専門員実務研修受講試験」を経て養成される。

新たな資格の創設をビジネスチャンスととらえ、日本医療企画では予想問題集『ケアマネジャー試験問題直前予想１００』を一九九八年七月に、『ケアマネジャー試験合格への要点解説』をその翌月に発刊した。第一回試験開催の二カ月前の緊急出版であった。続いて行ったのが「模範解答の速報サービス」である。「何点とれたのか」「合格できるのだろうか」は、受験者にとって一番の関心事であり、ニーズは高いと考えたからだ。しかしこの企画には、大きな問題があった。試験問題は持ち帰ることができなかったのである。もちろん、公表されることはない。ならば、問題を再現するしか方法はない。

そこで全国の三〇〇人の受験者に協力を仰ぎ、問題と選択肢を記憶し試験後に再現・報告してもらうという作戦を実施した。受験生からもたらされる試験問題に関する情報をつなぎ合わせながら、本試験問題を再現し、医療機関や介護施設のマネジャークラス、学者等、各分野の専門家の結集のもとで模範解答をつくり上げた。この事業の狙いは当たり、多くの受験者から「模範解答の速報サービス」の注文が来たほか、副産物として過去問題集を発刊することにも成功。他の出版社にはなしえない唯一無二の問

第一回試験の2カ月前に『ケアマネジャー試験問題直前予想100』を緊急出版

題集として大きな反響を呼んだ。

二〇〇一年に試験問題の公表・持ち帰りが可能となって以降は、模範解答を一分一秒でも速くまとめ、公表する「解答速報サービス」の充実に着手。試験が終わる正午に協力者の受験生から本試験問題を入手し近くのコンビニから本社にＦＡＸ送信。それを専門家に即座に解いてもらい、模範解答を作成し、受験者にＦＡＸで解答を送っていた。

販促活動として、「速報サービス」のＦＡＸ注文用紙付きチラシを各会場で全社員が配布した。カバーできない地域については、シルバー人材センター等に依頼し要員を確保、ほぼ全都道府県、全会場でチラシをまいた。試験終了後、自宅や職場に戻った受験者がＦＡＸ注文用紙を送信してくる。手書きの注文用紙の住所を機械で自動入力し、返送用の名簿を作成。後は模範解答ができあがるのを待つという流れである。

この取り組みは毎年恒例の一大イベントとして、事前の準備から当日、さらに試験後の対応まで、全社員が一丸となって取り組む〝お祭り〟のようなプロジェクトであった。

介護のあるべき未来への指針を示す雑誌を世に問う
――『介護ビジョン』と『かいごの学校』の創刊

「経営」という言葉に対して、「算術の話」と切り捨てる医療・介護関係者は少なくない。しかし、経営とはそもそも仏教用語であり、仏教では「悟りの境地に導く」という意味で用いられ、そこから〝人を育てる〟という意味で一般に広く使われるようになったものである。つまり、「経営とは人を育てること」なのであり、こう考えると対人サービスである介護にこそ経営は必要なものと言える。

この経営の視点を介護の世界にいち早く持ち込んだのが、二〇〇三年六月創刊のわが国初の介護経営情報誌『介護ビジョン』である。福祉の世界はそれまで経営や利潤といった言葉がある種タブー視されてきたために、業界からの反発を懸念する声もあったが、予想に反して同誌は、当時の厚生労働省老健局長だった中村秀一氏から、編集部宛てに直接、激励の言葉が届いたほか、介護現場の人たちからも大きな反響を持って迎え入れられた。その要因には、介護保険制度の施行によって改革を迫られ、医療界と同様にマネジメントの考え方を導入せざるを得なくなった介護業界の事情と、同制度の先読みや先進的なマネジメント手法の導入、ケア論などにとどまらず介護の未来を拓く人材はどうあるべきかと、「人」を据えた誌面づくりにあったと言える。

実際、当時の介護現場には「ビジネスになる」と異業種から参入してくる企業も多かったが、経営において最も大切な「人」の育成が欠けていた。もちろん制度ビジネスという特性上、ホームヘルパーや介護福祉士、ケアマネジャーなどの有資格者の育成研修等は行われていたが、それらはあくまでも介護報酬を算定するために必要な「人員」であって、地域の利用者

介護の世界に経営の視点をいち早く持ち込んだ『介護ビジョン』

や高齢者、現場で働く職員それぞれが幸せになるための仕組みをつくり、介護の未来を拓くことできるような「人財」ではなかった。「人員」と「人財」、この二つは似て非なるものであり、現場で活動する有資格者を大勢つくるということと、介護というものを大局的にとらえ、これからの介護をどうするかを考える人材を育てるということは明らかに違う。

介護現場の「頭数さえそろえばよい」というやり方では、次世代の介護を担う人材はとうてい生まれないし、目の前の利用者などといった近視眼的な事象だけを見ていては介護の問題を解決することはできない。もちろん「お上」の動向を見ているだけでは現状を変えることは不可能――。こうした問題意識から『介護ビジョン』は一事業所の経営を最適化するための経営情報だけにとどまらず、常に業界全体の活性化に向けて、さまざまな問題提起や提言を行ってきた。同誌が今日まで介護現場の人たちからの支持を受けてきた背景には、常に「介護とは何か」という本質を追求してきたスタンスがある。

さらに日本医療企画が介護業界を良くするために行ったのが、在宅で介護をする家族に向けた介護情報誌『かいごの学校』の創刊だ。

介護保険制度の施行以降、介護に関する問題が一般のメディアでも頻繁に取り上げられるようになってきた。しかし、その内容は老老介護や介護離職などに伴う家族介護の苦労・苦難を理由とした自殺や無理心中など、悲劇的なものばかり。「介護によって人が不幸になる」というのはおかしなことであり、介護は本来生活を豊かにするものでなければならない。家庭介護に悩まされている人たちの重圧を少しでも減らし、より豊かな暮らしができる状況をつくりたいという思いから、同社では二〇〇四年二月に、ゆとりと安心の介護情報誌『かいごの学校』を創刊した。

当時は現在のようなインターネット網が構築されておらず、在宅で介護している家族が介護に関する情報を入手するのは難しいうえ、「家族だから介護はできて当たり前」という世間の風潮から在宅介護者は孤立せざるを得ないという状況に陥っていた。そんな在宅介護者にとって介護用品や介護食、身体介護に関する技術やノウハウなどが手に入るとともに、誌面を通じて、同じような状況にある人たちの苦労や喜びを分かち合うことができる『かいごの学校』は一筋の光明として多くの読者はもちろん、在宅介護者をサポートしている介護職にも役立つと受け入れられた。実際、在宅介護者と介護職が本音で語り合えるコミュニケーションマガジンとして読者を獲得していった。

二〇〇九年三月号をもって一定の役割を終えたとして一時休刊した。その背景には、介護は技術論だけで語れるものではなく、地域・生活に密着したものであり、そのあり方については地域ごとに異なるということがあった。この問題を解決するために、二〇一五年九月三〇日、約六年半の休刊を経て九州支社発信の『かいごの学校（福岡版）』として再スタートを切った。この『かいごの学校（福岡版）』創刊の一週間前に、安倍晋三首相

『かいごの学校』は、在宅介護者と介護職が本音で語り合える雑誌として多くの読者を獲得

は「アベノミクス」第二ステージとして「新三本の矢」を打ち出し、そのなかで「安心につながる社会保障」として「介護離職ゼロ」を提示している。

政府は介護離職の解消実現へ向け、特別養護老人ホームなどを増設する方針を掲げているが、それ以上に大切なのは介護の問題について国民全員が当事者として受け止め、それぞれの地域において解決策を考えていくことではないだろうか。『かいごの学校（地域版）』は、この地域の人たち全員で介護の問題を考えるという観点からも非常に重要な媒体。それだけに、情報を発信していく日本医療企画の各支社への期待は高まる。

ニチイ学館との訣別と独自の教育事業スタート

介護業界の最大手であったニチイ学館からの依頼をきっかけにホームヘルパーテキストを制作して以降、同社の出版物の編集制作についての業務提携を結ぶなど、日本医療企画とニチイ学館は強力なパートナーシップのもとに事業を展開していた時期がある。一〇万部を超えるホームヘルパーテキストを納め、年間売り上げは四～五億円と日本医療企画にとって最も大口の顧客となった一方で、ニチイ学館も長寿社会開発センターから購入していた時の教材費を三分の一程度に抑えることができたため、事業提携は両社に相当額の利益をもたらしたという。つまりＷｉｎ－Ｗｉｎの関係だ。

約６年半の休刊を経て、地域版として再スタートを切った『かいごの学校（福岡版）』

こうした蜜月関係にも終焉がやってくる。ニチイ学館が教材制作のノウハウを手に入れようと、日本医療企画をその傘下に収めようと動き出したのである。大資本の傘下に入ることは経営を安定化させるという効果があることから、一部では「悪い話ではない」という声もあったものの、当時の幹部たちが「日本医療企画イズムでの独自の事業ができなくなってしまう」と猛反発。ニチイ学館との間で繰り返し行われた交渉は最終的に決裂し、二〇一〇年に同社との取引関係は終わることになった。一時期は会社の事業の大きな柱の一つであった重要な取引先との訣別は、日本医療企画の将来を左右する大きな決断であった。

この時は売上の面から大きなダメージになるかと考えられたが、今振り返ってみると大きな転換点となる出来事であったと言える。当時、「逆境こそがチャンスである」という林社長の言葉が、社員全員を鼓舞し、創業の精神の一つでもある独立独歩の事業に立ち返り、新たな事業の柱を創るために邁進するきっかけになったからだ。営業部隊は新たな取引先を開拓するため地域に入り込んで奮闘し、ホームヘルパーテキストの販路は今まで以上に拡大。さらに新たな事業の柱を確立すべく、医療経営士や介護福祉経営士、栄養経営士など、本格的に独自の教育事業に乗り出す契機にもなった。その結果、ニチイ学館との協力関係にあった時代以上の売上を達成することに成功した。

大口の取引先を持つことは、事業に安定性を持たせるうえでは非常に有効な手段と言えるが、同時に大きなリスクも抱えることになる。特定の会社へ依存することは自分たち独自の事業開発の意欲を低下させるとともに、依存度が高いほど、それを失った時のダメージも大きくなるからだ。

現在、日本医療企画は厚生労働省や医療・介護・福祉・栄養に関する諸団体、企業と連携しながら事業を展開しているが、自社のアイデンティティーは決して失わず、常に新しいものを生み出すためにチャレンジしている。ニチイ学館との訣別は、このスタンスを改めて確立するきっかけになったと言えるだろう。

第5章　本格的な健康づくり時代の到来と病院給食情報誌『ヘルスケア・レストラン』の創刊

――改革による新しい道づくりを徹底追求――

日本の栄養界における“松下村塾”的な役割を果たした「『人間栄養学』セミナー」

地下にいた管理栄養士にスポットを当てる

「まずくて、冷めている」「夕食が午後四時に供される」「食欲が全くわかない」――。今から二〇年前の病院の食事に対する意見である。適時適温や選択食などが提供されている現在の病院の食事を考えると、隔世の感がある。この病院の食事の問題に一石を投じ、病院における栄養のあり方を変えることに大きく貢献したのが、一九九三年八月創刊の病院給食専門誌『病院レストラン』である。

当時、林社長が病院の地下にある栄養管理室に取材に訪れると「本当に私に取材をしてくれるのですか」と感動する栄養士が少なくなかったということから、栄養士の置かれていた境遇がうかがえる。そのような状況にあったにもかかわらず、「今後必ず予防医療、食事の時代が到来する。その時に最も重要性が高まるのは食事・栄養部門であるはずだ」という林社長の読みから企画された『病院レストラン』の創刊は、病院給食を従来型の直営式から、給食会社への業務委託方式に転換する時期とも重なったことが追い風となり、当初、これらの給食会社と連携しながら部数を伸ばしていった。

その後、管理栄養士の使命が単なる給食の提供だけではなく、栄養療法を提案することで疾病の予防・改善を図ることであるとの認識が急速に広

病院給食・病院栄養のあり方を
大きく変えた『病院レストラン』
創刊号

まり始めた状況を受けて、九七年一〇月には誌名を現在の『ヘルスケア・レストラン』に変更。その三年後の二〇〇〇年に栄養士法が三八年ぶりに改正され、「管理栄養士とは、傷病者に対する療養のため必要な栄養の指導を行うことを業とする有資格者」と明記されたことを踏まえると、時代を先取りしたリニューアルであったと言えよう。

生まれ変わった『ヘルスケア・レストラン』は「厨房を出て病棟へ行こう」をスローガンに、チーム医療におけるリーダーとしての管理栄養士のあり方をさまざまな形で情報発信し急速に管理栄養士の読者を獲得していった。地下室にある栄養管理室に閉じこもり、患者はもちろん、医師や看護師などの多職種と交わることも少なかったため、「病棟に出ても何をしていいかわからない」と不安を持っていた管理栄養士に寄り添い、励まし、時には「このままでは管理栄養士は必要とされない専門職になりかねない」と苦言を呈するとともに、誌面だけでは補うことができない内容については各種セミナーを行うことで支援し続けた。このような『ヘルスケア・レストラン』の活動は多くの管理栄養士を勇気づけ、今日のチーム医療の一員としての管理栄養士のポジションの確立に大きく寄与したと言えよう。

現在はそこから一歩進んで、「次世代を生き抜く管理栄養士・栄養士を目指そう」というスローガンのもと、「患者を診る、組織を強化する、アウトカムを示して施設経営に貢献する」ことができる管理栄養士の育成のための情報誌として、多くの読者の支持を受けており、「すべての読者の

チーム医療を担う管理栄養士の育成に貢献する『ヘルスケア・レストラン』

ために必要な情報を必要な時に必要なだけ提供する」ことを目標としている。時代の流れを先読みし、進化を重ねる『ヘルスケア・レストラン』の挑戦に終わりはない。

さらに日本医療企画では、管理栄養士のあり方として、「国際レベルの臨床栄養管理の知識とスキルを有し、病棟で活躍できる」ことも提唱し、そうした管理栄養士を支援するため、二〇〇九年九月、急性期の臨床栄養管理に特化した隔月刊誌『ヒューマンニュートリション』を創刊した。

創刊当時、世界の栄養士たちは医師向けの臨床栄養教育プログラムＴＮＴ（Total Nutrition Therapy）を習得していた。こうした国際的な動きに乗り遅れないため、日本栄養士会では、同様の研修プログラムＴＮＴ－Ｄを日本の管理栄養士に普及させることで、全体のレベルアップを目指していた。『ヒューマンニュートリション』ではその一翼を担うべく、日本栄養士会と連携して、国際的にはベーシックとなっている、静脈栄養や経腸栄養などのチューブを用いて高カロリー輸液や濃厚流動食の投与を必要とする重症患者の栄養管理を行うために必要な情報の提供に乗り出すこととなった。

折しも当時は、医療界においても高齢者医療におけるリハビリと栄養の重要性が認識されはじめたころである。実際、『ヒューマンニュートリション』の創刊から半年後、栄養サポートチーム加算が新設され、同加算の算定要件の一つとして、ＴＮＴ－Ｄ等の特定研修を修了した管理栄養士等の

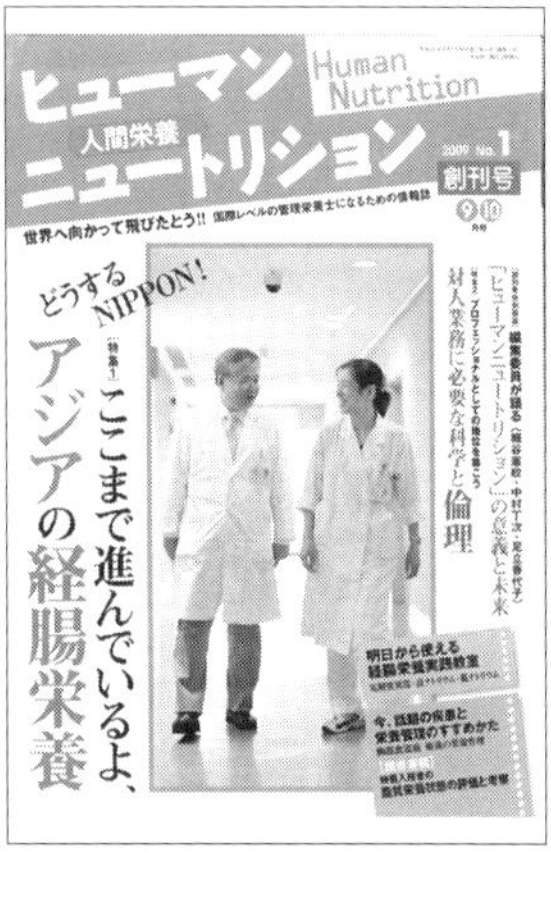

臨床栄養管理におけるエキスパートの育成・支援を目的に隔月刊誌を創刊

専従者の配置が施設基準に盛り込まれた。こうした国の流れもあって、同誌は一躍注目を集めることになった。

しかし、臨床栄養の重要性は急性期のみならず、回復期や慢性期においても同様に高くなったため、次第に創刊当初の「急性期を担う管理栄養士のための情報誌」という編集方針では管理栄養士のニーズに対応できなくなっていった。そこで、一三年七月にコンセプトを一新し、「答えは症例のなかにある」をキャッチフレーズに、「脳梗塞」や「循環器疾患」など毎号一つのテーマに基づいて、さまざまな症例を取り上げて、栄養管理のあり方を検証するという内容へと方向転換したのである。それに伴って誌名も『栄養管理の症例と実践』に変更。現場における実践家である管理栄養士の知恵とノウハウを共有することで、医療界全体の栄養管理の質の底上げを図る、新たな形での臨床栄養管理の情報発信を実践していくこととなったのである。

人間栄養学セミナーと『栄養緑書』
――新たな栄養の世界を切り拓く

わが国における栄養分野の取り組みは総じて遅れている。欧米先進国では科学的な観点から人体の栄養状態を評価・判定し、その結果に基づいて効果的な栄養療法を選択し、疾病の治癒や健康状態の回復を図っているのに対し、わが国では長年、食べ物の不足していた欠乏症時代の名残からか、

「これを食べれば身体によい」といった非科学的な栄養管理がなされてきたのである。

その背景には、管理栄養士と栄養士の業務の違いが明確にされず、管理栄養士は国家試験の合格者であるにもかかわらず、いずれも同じような給食業務に従事していたことがある。この状況を改革するためには、「食物の栄養価計算をして、おいしい料理をつくる」から「人の栄養状態を予防・治療の面から適切に評価し、栄養管理計画を策定する」へ、管理栄養士の業務に対する考え方を変える必要性が生じていた。

このことを世に問いかけたのが、二〇〇三年九月に発行した『栄養緑書―これでいいのか日本の栄養問題』である。同書は東京大学名誉教授の細谷憲政氏の監修であり、細谷氏が提唱する「人間栄養学」をベースに、管理栄養士が厨房から出て病棟で臨床栄養管理を実践していくことへと発想を転換させる内容となっている。

もっとも、書籍一冊で古い慣習に凝り固まった管理栄養士の考え方を変えるのは難しい。そこで日本医療企画では、細谷氏と執筆者の一人である神奈川県立大学教授の中村丁次氏（前・日本栄養士会会長、現・同大学学長）の協力のもと、〇四年から九年間にわたって毎年七月に「臨床栄養の実際活動のための『人間栄養学』セミナー」を開催した。今でこそ管理栄養士を対象としたチーム医療や臨床栄養をテーマにしたセミナーは各種開催されているが、当時はこうしたセミナーは皆無であり、「管理栄養士にとって

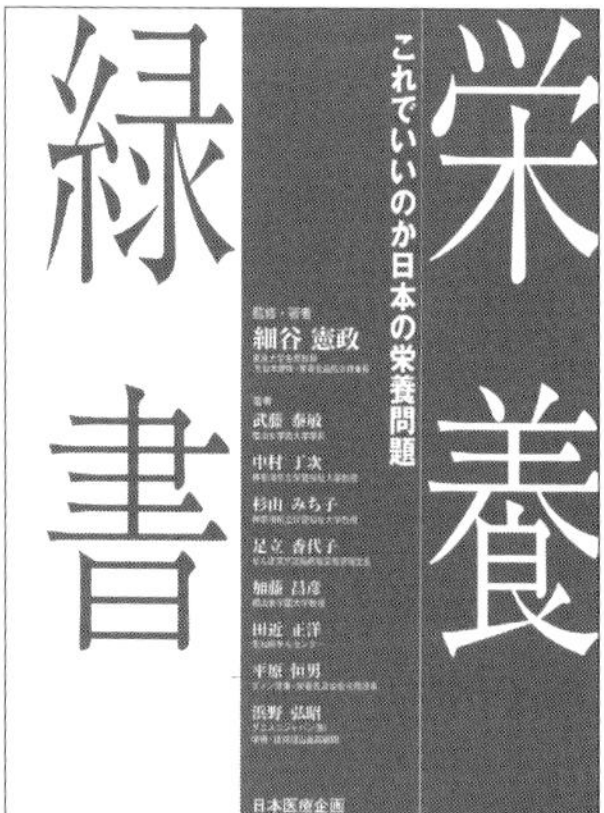

『栄養緑書』は、「人間栄養学」をベースにした臨床栄養管理の実践を提唱

新しい時代が始まる」という期待を胸に毎年参加した管理栄養士は少なくない。

この『栄養緑書』と「人間栄養学セミナー」をきっかけに、栄養管理のプロフェッショナルとしての意識に目覚めた管理栄養士たちは、日本静脈経腸栄養学会や病態栄養学会など、医師主体であった栄養関係の学会において実践報告を発表するなど、同書とセミナーはある意味、日本の栄養界における〝松下村塾〟的な存在であったと言えるかもしれない。こうした管理栄養士たちの活動を通じて、栄養管理の必要性が医療・介護の領域で周知されるようになり、結果、診療報酬における栄養管理実施加算（一四年廃止）や栄養サポートチーム加算、介護報酬における栄養マネジメント加算の創設など、管理栄養士による栄養管理に対する評価へとつながっていくこととなった。

管理栄養士たちをさらなる高みに導くために、一四年からは新しい概念である「栄養経営」と「栄養経営士」の普及に取り組んでおり、その土台をつくった『栄養緑書』と「人間栄養学セミナー」の功績は大きい。

病院団体と連携、待合室に初の健康情報誌登場

日本医療企画は現在、厚生労働省や全国老人福祉施設協議会、日本医療法人協会をはじめ、各種医療・介護関連団体や病医院、介護施設、企業と

連携した広報誌の編集企画制作も手がけている。この分野を長年深耕し、業界から医療・介護・健康・栄養分野のパイオニアとして認められたからこそ、こうした事業が続けられてきたと言えよう。

その先駆けとなったのが、日本を代表する病院団体の一つである全日本病院協会の健康医療情報紙『ヘルスＴＯＤＡＹ』である。同紙は一九八六年七月に日本医療企画の手で創刊され、同協会加盟病院の待合室で配布することで、全国規模で患者に必要な健康・医療情報を提供。これは、医療機関による情報開示の流れを先取りした取り組みであり、歴史的な功績も大きいと言える。全日本病院協会からは併せて機関紙『全日病ニュース』の編集制作（九八年三月まで）も受託し、機関紙を通じた病院同士の情報交流・共有化の一翼も担った。

『ヘルスＴＯＤＡＹ』は九八年一月号から『ヘルス&ケア』に紙名を変更し、全日本病院協会加盟病院以外の病院や薬局などへも販売網を拡大した。もちろん、国民の意識の変化によって求められる情報は変わってくる。そこで同紙は、二〇一〇年四月号から『Health Today』へと紙名変更するとともに、従来のタブロイド判からＡ４判の情報誌へと誌面を刷新。さらに、一五年四月号からは超高齢社会を迎えて、介護者・要介護者だけでなく、それ以外の人たちも将来の介護を考える必要性が生じてきたことを受けて、介護ライフスタイル情報誌『Care Life Today』へとリニューアルを実施。「ともに生きる、支える」をコンセプトに、さまざまな立場から介護

全日本病院協会の委託を受け、患者向け健康医療情報紙『ヘルスTODAY』を創刊。現在は発展的リニューアルを重ね、『Care Life Today』へ

に関する問題を提起したり、その解決法を提示したりするなど自分なりの「介護ライフスタイル」が見いだせる情報を提供している。

『ヘルスＴＯＤＡＹ』に引き続いて、日本医療企画が待合室での対外広報誌として手がけたのが、埼玉県医師会の『健康さいたま』である（第２章参照）。そのころ、自治医科大学病院の大宮市進出もあり、この問題の本質を県民に訴えるという側面もあったが、基本的に県民の健康増進、政策発信を主目的にしたものであった。

健康の森ショップと健康関連商品の販売事業への進出

「こういう介護用品はないか」「肌への刺激が少ない石鹸を手に入れたい」――。

医療・介護・健康に関する出版事業を行っていると、読者からのこのような問い合わせが後を絶たない。こうした場合、誌面で各種商品やサービスあるいは販売している企業を紹介する、というのが通常の対応であろう。しかし、日本医療企画ではそうした案内だけで良しとしない風土があった。「読者からのニーズがあるのであれば応えていこう」と、情報提供を主とする出版社でありながら、「心と健康生活を応援する」をテーマに掲げたヘルスケア関連商品を専門に扱う販売店「健康の森ショップ」事業に乗り出したのだ。

一九九五年九月に同社一階に開設された第一号店では、当時一般には手に入れにくかった健康グッズや介護機器・用品、健康食品、ヘルスケア分野の関連雑誌・書籍などを国内外から取り寄せて販売した。牛乳に関しても産地でしか販売されていなかったものを業者と交渉して店頭に並べるなど、その品揃えには何事にも「中途半端なことはしない」という同社の姿勢が表れている。また、地域色のある駅弁をそろえた『健康』駅弁シリーズ」といった斬新な企画が評判を呼び、東京神田周辺の会社員などが連日大挙して来店した。出版とは異なる分野でありながら、これだけの事業を展開したパワーには驚かされる。その模様が日経産業新聞の一面を飾ったということから、いかに世間からの注目を集めた事業であったかがわかろう。

もちろん店頭販売だけでは、来店できる人のニーズにだけしか応えることができない。そこで、すぐに通販カタログ『アイアイ』をつくって通信販売も開始した。さらに「健康の森ショップ」事業の一環として、全国の病院の売店や薬局、介護用品店に「健康の森ミニショップ」を開設した。ここでは「健康の森ブックスタンド」を設置し、医療・福祉・介護・健康分野の関連雑誌や書籍の委託販売を行った。同社発行以外の雑誌や書籍も販売したこともあり、多彩なラインアップが大きな注目を集めた。この病院内への出店は、入院・外来患者や家族、あるいは各店に訪れる人に対し、必要かつ適切な情報を「身近なもの」として届けるという狙いに加えて、先述した「電光ニュースサービス」を含めた病院の待合室活性化事業の一

リアル店舗や通販カタログを用いた「健康の森ショップ」事業にも進出

環としても位置づけられた。

「健康の森ショップ」事業は地方からの出店要請が多かったものの、実現することはできなかった。日本医療企画の社員の大半は出版事業だけを行ってきたため、小売販売を全国展開できるような人材がいなかったことに原因があったと考えられる。しかし、出版事業だけにとらわれない新たな事業展開は今後の出版社の成長を左右する大きな要素であり、そのためには何よりも一つの業態にこだわらない起業家精神を持った人材が必要だという思いを新たにさせられた事業でもあったと、林社長は振り返る。出版事業をベースに新たな事業を生み出せる人材の育成は、同社における最重要ミッションとなった。

患者側の資格の創設とサービスへの挑戦

書籍・雑誌（紙媒体）の販売額は一九九六年の二兆六五六三億円をピークに縮小傾向に転じ、二〇一三年には一兆六八二三億円と約六割にまで落ち込んでいる。現在も右肩下がりの傾向には歯止めがかかっていない。インターネットを使った情報収集が常識となるなか、出版社が今後生き残っていくためには、出版事業を軸にした新規事業の開拓が不可欠になる。日本医療企画では従来型の出版事業だけに固執しないヘルスケア分野の総合情報企業として、健康関連製品の販売や病医院の後方支援、教育事業などの展開を図っており、その一環として二〇〇五年九月に立ち上げたのが、創立二五周年記念事業「ＪＭＰ医療・福祉友の会」である。

これは、「良い医療とは、良い患者と良い医師によって生まれる」をスローガンに、地域住民と医療機関をつなぐ新しいまち「ホスピタウン」（ホスピタル＋タウン）づくりに向けた会員制の医療・健康支援サービスである。主なサービスとしては、「医療・福祉友の会センター」を東京・大阪・福岡・金沢に置き、医療や健康に関する悩みに答える医療・健康相談ダイヤルをはじめ、会員のかかりつけ医として全国各地の約八〇〇の協力医療機関の紹介、生活習慣病予防や健康セミナー、健康体操教室の開催などがある。

さらに入退院や通院の付き添い、受診の手続きを行う「医療ヘルパー」、問診票の代筆をしたり患者の訴えを要領よく伝えるとともに、医師から受けた説明を患者や家族に的確にわかりやすく伝える「医療コミュニケーター」、患者の症状に応じて最適な医療サービスプランをコーディネートしたり、「医療ヘルパー」「医療コミュニケーター」の管理・指導を行う「医療マネジャー」という、これまでにはない患者視点に立った三つの資格を、同社の関連会社のヘルスケア総合政策研究所が創設。会員の健康づくりから病気の予防、病院選びや治療まで全面的に支援する体制を整えた。患者重視、患者サイドに軸足を置いた新しいビジネスモデルであり、独居高齢者や高齢者夫婦が増えていく時代のニーズにマッチした事業と言える。実際、都市部で生活する社会人から故郷の親の受診を支援してほしいといった反響が少なくなかったという。

また、「ＪＭＰ医療・福祉友の会」は、患者や家族はもちろん、医療機関にとっても大きなメリットがある。「医療ヘルパー」「医療コミュニケーター」が間に入ることで、患者や家族とのコミュニケーションを円滑に進めることができ、「医療マネジャー」によるコーディネートによって、その医療機関の有する機能と患者のニーズのミスマッチを防ぐことも可能。その結果、患者満足度の向上や医療機能を最大限に発揮できる患者の診療、ひいては患者や家族、地域との信頼関係づくりにもつながるからだ。

「ＪＭＰ医療・福祉友の会」事業によって培われた民間資格の創設や会員の支援などは、「医療経営士」「介護福祉経営士」「栄養経営士」など、現在の「教育事業」に受け継がれている。

第6章　わが国初の経営人材の育成と経営基盤の確立を目指す

——医療経営士、介護福祉経営士、栄養経営士の登場——

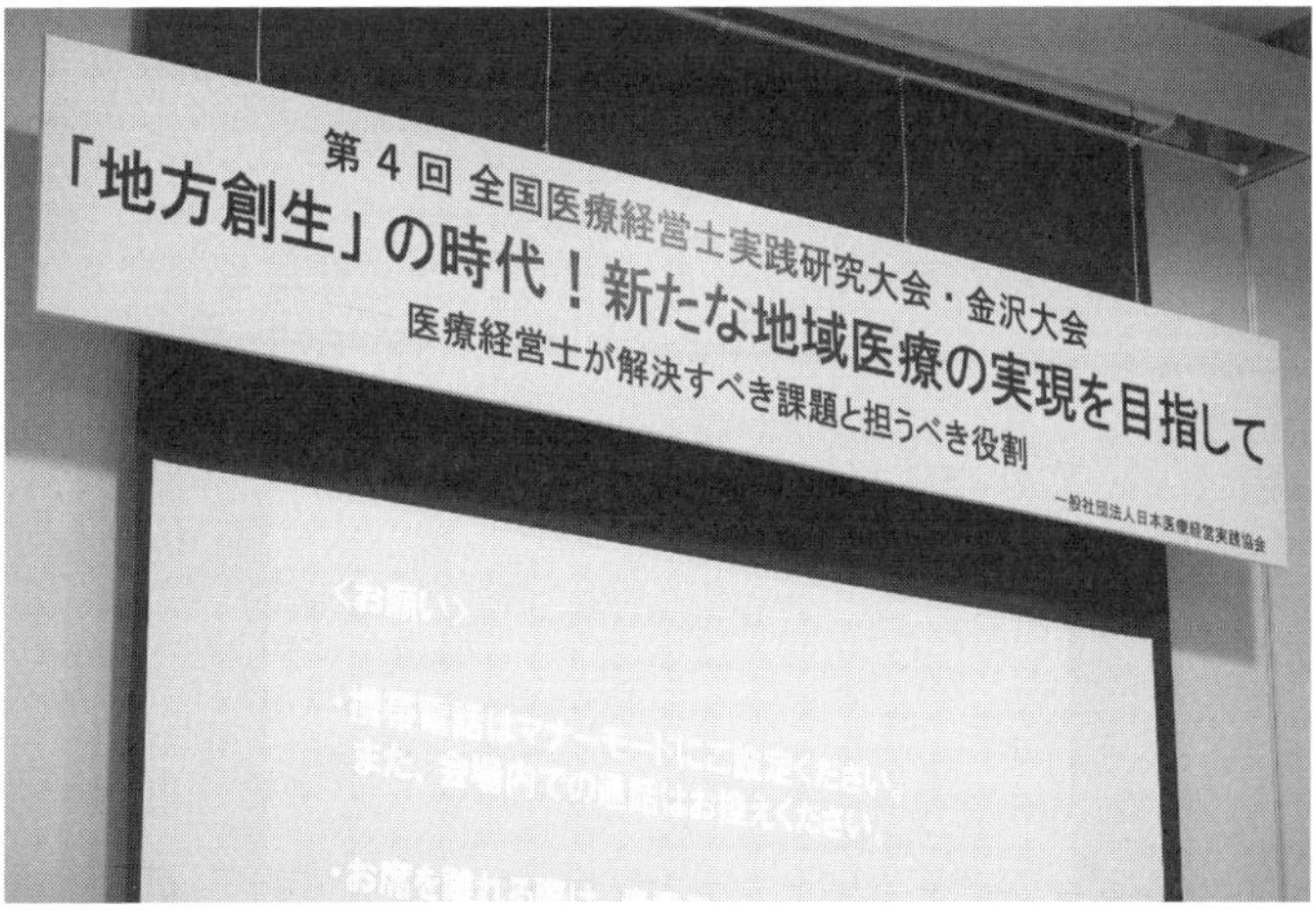

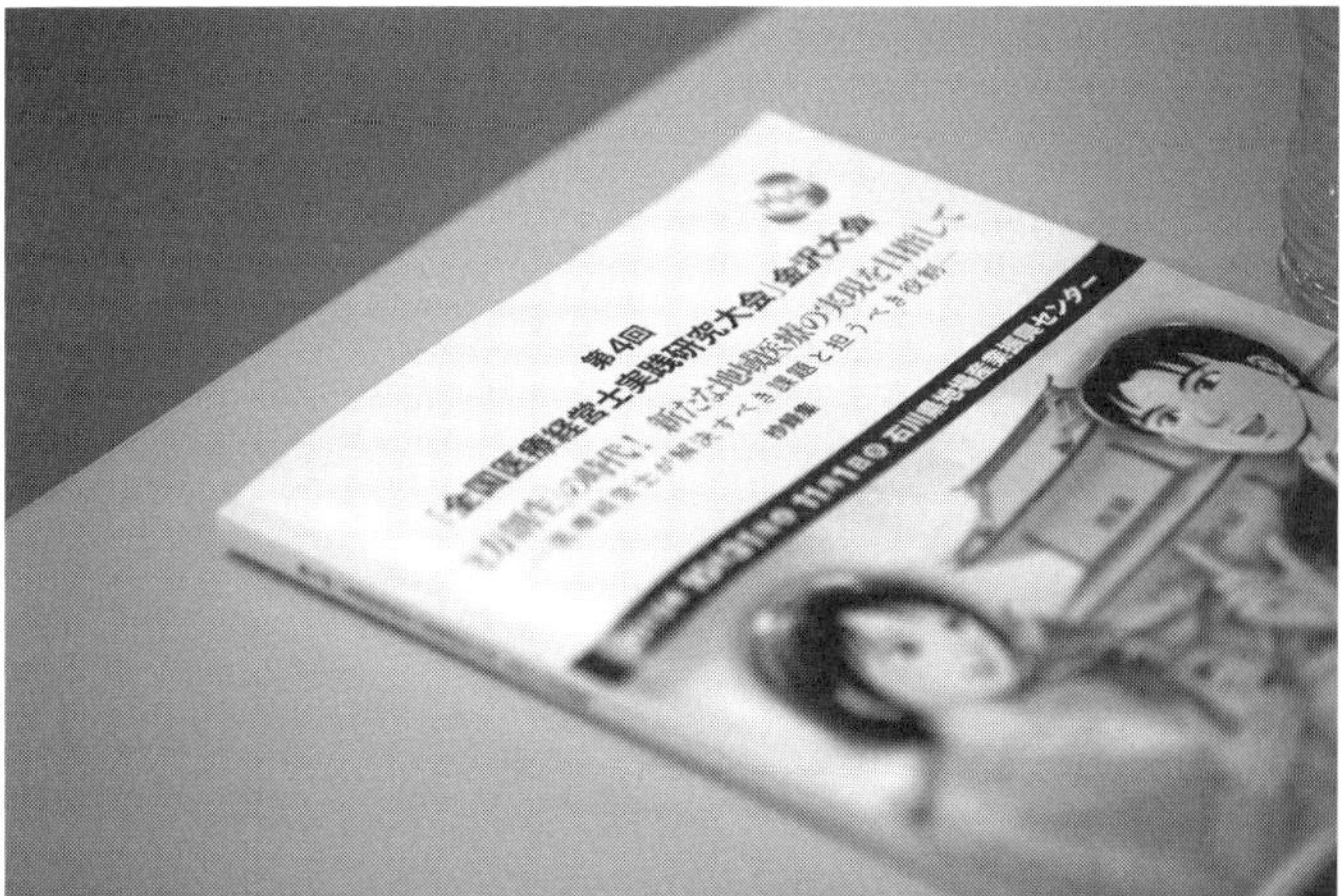

年１回開催の「全国医療経営士実践研究大会」は、回を重ねるごとに規模・内容ともに拡大発展を続ける

スピーディな教材づくりと第一回「医療経営士」の全国大会開催

日本医療企画は、医療界に「医療経営」という概念を最初に持ち込んだ先駆的企業である。一九八一年に『ばんぶう』、八四年に『フェイズ3』を創刊するなど、創業以来、医療機関の経営に必要な情報発信に力を入れてきた。医療機関が制度に守られ、安住できる状況がいつまでも続くはずはなく、ほどなく経営環境が厳しくなると考えたからだ。

その予測は見事に的中した。しかし、「いよいよ『ばんぶう』『フェイズ3』の出番。どんどん読まれるようになる」と見込んでいたものの、肝心の部数は期待したほど伸びていかない。というのも、購読者リストを見ると医療機関よりも会計士・税理士やコンサルタント、製薬会社など周辺業者が大勢を占め、真の読者であるべき、病院事務管理職などの本来病院の経営やマネジメントを担うべき人材が思うように増えてはいなかったのである。

経営情報の受け手である経営人材が医療機関にはほとんどいないという現実に直面した同社には二つの選択肢があった。一つは「撤退」である。釣り人が川に魚がいないと判断した場合、ポイントを変えるのと同様だ。しかし、「医療経営」が重要なことは揺るぎのない事実であり、医療経営の専門誌の「読者がいない」ということは、すなわち経営に取り組む人がいないということ。経営人材がいないために放漫な経営に明け暮れる医療

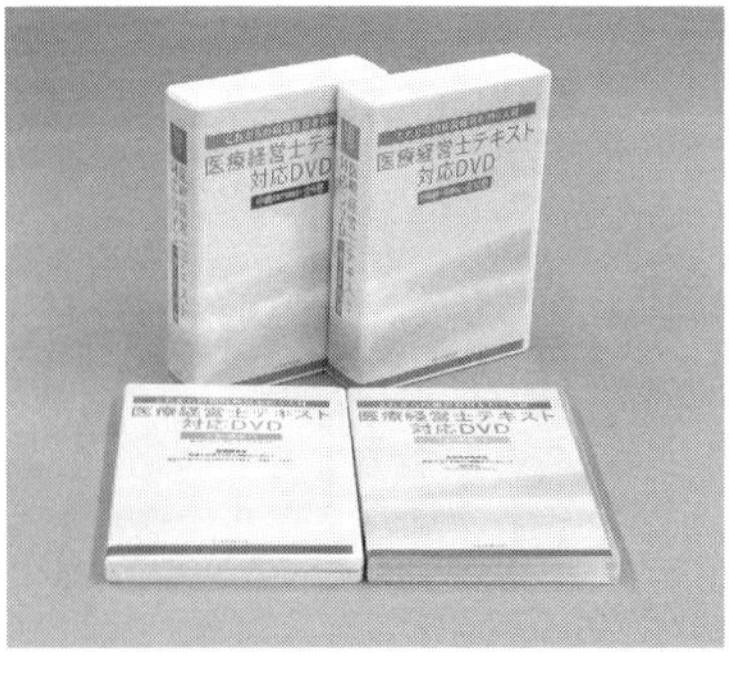

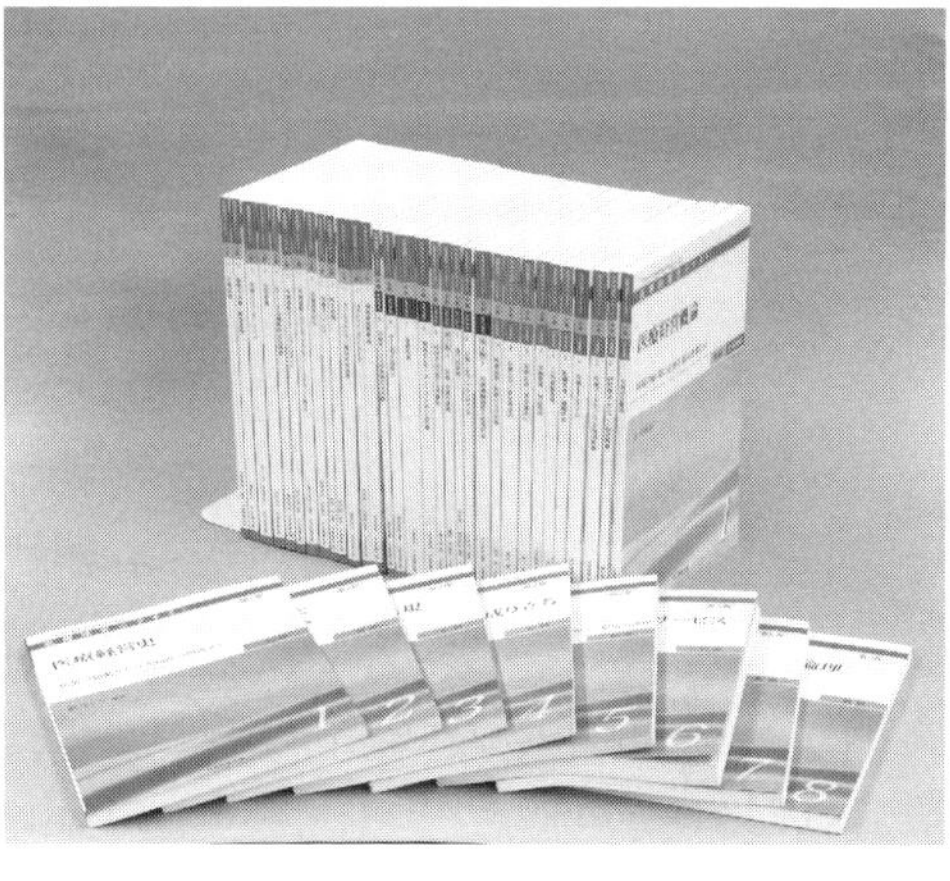

「医療経営士」初級、中級、上級テキスト全40巻とDVDセット

機関ばかりになれば、医療の発展を望めないのはもちろん、国民の利益も損ねることになる。

「このような状態を放置しておくわけにはいかない」という強い使命感から、もう一つの選択肢である「読者をつくる」ことを選択した。ドラッカーの言う「顧客の創造」である。川に魚がいないのであれば、養殖して放流すればよいという発想である。この発想の背景には、林社長が新聞記者時代に見た農林水産省の政策転換、「とる漁業からつくる漁業へ」があったという。

「やるからにはピカピカの人材を育て、医療現場に送り込んでやる」と決断を下した後、直ちに主だったメンバーが川奈教育研修センターに集まり、「医療機関の経営人材（医療経営士）には何が求められるのか」について、夜を徹して集中的に討議を行った。ここでは医療経営士を育成するためのカリキュラムやテキストについても検討されたが、その際に林社長が最も重視したのは「人間力を身につけることができる」ということだ。

この時、林社長の頭のなかには、安岡正篤の一番弟子として知られる伊與田覺が書いた中国古典に関する文章があった。ここでは、社会人として大切な四要素として「道徳」「習慣」「知識」「技術」が挙げられており、注目すべきは「知識」「技術」よりも、「道徳」「習慣」が先にきていたこと。どれだけ知識や技術があっても、道徳や習慣が身についていなければ、知識や技術を正しく使うことはできない。資格が重視される医療界では、とかく知識や技術が重視されがちであるが、道徳や習慣、つまり人間性や社会性という人間力が土台としてしっかり定まっていなければ、専門性は活かされないと考えたのだ。

このこだわりは医療経営士の育成方針にも反映されている。医療経営士には、現場で持ち上がる課題をいち早く見つけ、それを解決する想像力と実践力が求められる。この力は、テキストに書いてあることを単に覚えるだけで身につけられるものではない。そのため、医療経営士に必要な知識をまとめたテキストと資格試験をつくるだけではなく、資格取得者が集まってさまざまな問題について議論する「場」づくりにもこだわった。

こうした経緯を経て、『医療経営士テキストシリーズ』四〇巻はわずか半年でつくりあげられ、二〇一〇年九月には第一回「医療経営士3級」資格認定試験を実施。受験者は五〇三人、合格者は三〇九人と、民間資格にもかかわらず多くの受験者が集まり、順調なスタートを切った。早くも一二年一一月には、全国から医療経営士が集まって取り組み事例を発表する第一回「全国医療経営士実践研究大会」を開催するなど、日本医療企画の本質である「電光石火」を体現した事業となった。立ち上げから四年半が経った一五年六月には、同3級の資格認定試験合格者の累計は五〇〇〇人を突破するなど、想像もしなかったほどの広がりを見せている。

医療経営士3級の資格認定試験合格者は累計5000人を超す

官民あげての協会づくりと吉原代表理事の就任

「医療経営士」は、日本医療企画の提案による民間資格だが、その認定資格の付与は一般社団法人日本医療経営実践協会が行っている。医療における経営人材を育成することは「公共財」を育てていくということであり、一企業の取り組みでは限界があるからだ。さまざまな団体や企業、個人が参画できる仕組みが必要であり、その受け皿となる中心的な組織が同協会なのである。

一般社団法人の立ち上げにはさまざまな課題をクリアする必要があるため、初代代表理事は林社長が務めたものの、地ならしをした後、代表理事には元・厚生事務次官の吉原健二氏（現・公益財団法人難病医学研究財団理事長）が就任。その他の有力理事には四病院団体協議会や日本看護協会などの有力団体の長、学識経験者に加えて、元・厚生事務次官の多田宏氏や元・厚生省児童家庭局長の清水康之氏も就いた。

このような官民あげての理事構成となったのは、「医療経営士」に数多くの人たちに参加してもらうことが目的であったからだ。吉原氏は一九五五年に厚生省に入省し、国民年金法の作成に深くかかわるなど、現在の社会保障体制の構築に尽力した大物中の大物であり、その功績は誰もが認めるところである。その吉原氏のような大物をトップに据えることで、「医

日本医療経営実践協会の第１回理事会で挨拶をする林社長（初代代表理事）

療経営士は『公共財』である」ということを誰もが納得するし、現実にそれを裏づけるように資格取得者は急ピッチで増えている。吉原氏の果たした役割は極めて大きなものがあると言えよう。

吉原氏の代表理事就任にあたって、林社長と教育事業本部長の松村藤樹取締役が事業の全体像と意義について説明したが、当初は年齢を理由に断られた。その後、何度か足を運んで熱意を伝え依頼した結果、ようやく快諾を得ることができた。

同協会では医療経営士資格認定や教育・研修事業に加えて、毎年早春には都内で「医療経営士新春講演会・新春の集い」を開催するとともに、会報誌『理論と実践』『ＭＭＳ（Medical Management Specialist）ニュース』の発行や『医療経営手帳』の発行・監修も務めるなど、その活動の幅は年々広がっている。設立から五年で会員数は約三〇〇〇人となり、医療経営士および同協会は医療界のなかで着実に確固たる地位を築きつつある。

全国各地に支部設立――学習の「場づくり」も活発化

大学入試や資格認定試験とは違って、実際の経営には「これが唯一の正解」というものはない。それぞれの置かれた場面や状況によって正解は複数あり、その場に応じて最適な答えを見つけ出さなければならない。経営とは変化に対応することであり、さらにセコムの創業者である飯田亮氏の

元・厚生事務次官の吉原建二氏が
第2代の代表理事に就任

言葉を借りると、変化を創造することが求められる仕事である。一つの答えしか考えられない画一的な人材に経営を担うことは不可能であり、医療機関の経営人材である医療経営士もテキストや資格試験だけで育てることは望めないのである。

では、経営人材を育てるためには何が必要か。講師が教科書を片手に一方的に知識・技術を伝達し、生徒がそれを黙って聞くような「学校」では、経営に必要な知識・技術は身についても実践的な能力は習得することができない。経営人材を育てるのは、さまざまな考えを持つ人たちと出会い、議論を交わし、交流を深めることのできる「場」である。このような「場」を数多くつくるために、日本医療経営実践協会は全国に支部を設置した。二〇一一年三月の北陸支部の設立を皮切りに、同年六月に関西支部、一二月には関東支部が誕生。その翌年以降、九州支部、東海支部、中国支部、北海道支部と医療経営士が集う「場」が全国に誕生した。

各支部では会員の問題意識に合わせて定期的にセミナーや研究会などを開催している。その内容は「経営企画部門のマネジメント」「医療・介護管理者向けストレスチェック義務化準備セミナー」「病院経営に必要な財務・会計から税務・節税対策まで」と実践的なものばかりのうえ、「待ち時間対策」「未収金問題」など医療機関にとっては永遠のテーマと言える課題まで、その場で議論し、得た知見を自院に持ち帰って実践、次の集まりの時に結果を報告し、さらなる改善を図るといった取り組みが行われている。

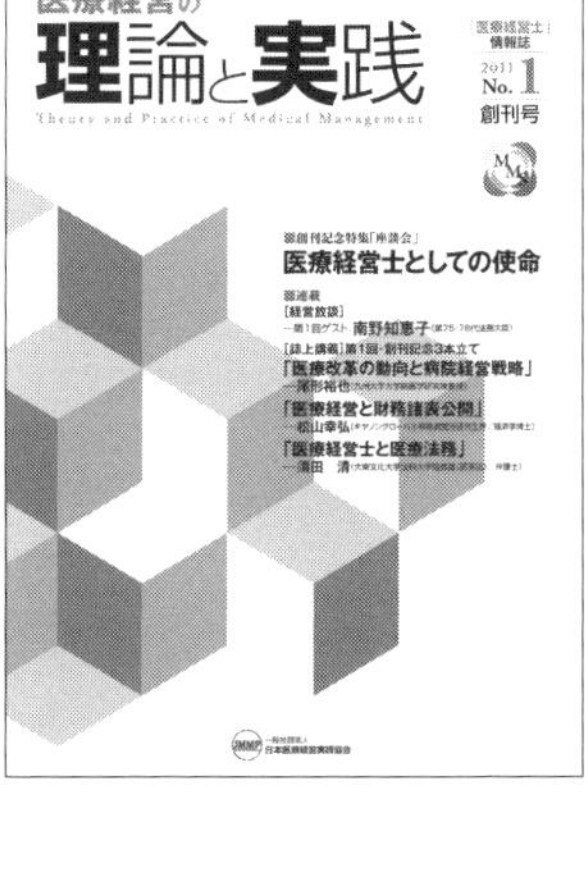

2011年9月、全国の医療経営士を結ぶ会員情報誌『理論と実践』（季刊）を創刊

現場を知るという観点から、先進病院の見学会を開催し、そこで感じたことや考えたことについて参加者同士で議論するといった取り組みも進められている。

なかには、中村彰吾氏（前・地方独立行政法人東京都健康長寿医療センター理事・経営企画局長）を塾頭とする「中村塾」のように、先達の名前を冠する「塾」も現れてきた。少人数で、自らの仕事の指針となる医療界を背負う第一人者の人格・識見・実績にじかに接し触れ合うことで、本を読むだけでは得られない何かを学ぶ。こうした動きはさらに広がりを見せており、各地で個性豊かな塾が誕生している。

もちろん、支部活動は医療経営士にとって学びの場、同じような志を持つ人材同士の交流の場となるだけではなく、日本医療企画にとっても、現場の生の声を収集できる貴重な場となっている。出版社の社員、とりわけ編集者は、医療界が今、どんな課題を抱えているのか、それに対して何をすべきなのかについて頭のなかで考えて完結させてしまいがちである。また、医療経営者に取材したり面談する機会が多いこともあって、経営者の視点を尊重するあまり、医療現場の考えとずれてしまうこともある。

支部活動は、現場に身を置く人々と会い、話すことで情報が得られ、本音を聞くことができるという意味でも非常に重要な「場」なのである。同社が、現場目線を忘れずに事業を続けられている一つの理由が、この支部にあることは間違いない。

経営人材の育成を謳う「中村塾」には、全国各地から参加者が集う

『月刊医療経営士』の創刊――本格化する育成事業

メジャーな業界には必ず専門誌があり、専門誌のない業界はマイナーである――。これは日本医療企画の林社長の言葉である。専門誌ができてはじめて、その業界は世間から一人前であると認知される。医療経営士も同様であり、彼らを支えるとともに、業界そのものを発展させていくことは彼らを生み出した会社の責務であるという思いから、二〇一四年七月に創刊したのが『月刊医療経営士』である。

同誌を開発するにあたって大きな課題になったのが、読者対象の絞り込みと、同じく医療経営をテーマにする『フェイズ３』との差別化である。誌名のとおり、読者対象は医療経営士であるものの、医療経営士は医療機関の事務職をはじめさまざまな職種が取得しており、その範囲は関連企業にまで及ぶ。日々の仕事内容が異なるなかにあって、医療経営士をどのように支援していくべきか。検討を重ねた結論はあるべき医療経営士像の追求、つまり「プロデューサー機能」「コントローラー機能」「モニタリング機能」を果たし、病院改革を推進できる人材育成に資する専門誌とすることであった。

この方針を受けてコンセプトは「現場で活躍する医療経営士目線でつくり、医療経営士を元気にする〝医療経営士応援マガジン〟」に決定。▽現場

2014年7月、「医療経営士」の名を冠した専門誌がついに誕生

視点にこだわった特集、▽現場で活躍する医療経営士の紹介、▽実践的な実務スキルアップ支援、▽人間性・社会性の向上――を四本柱にし、誌面では医療経営士があるべき姿を追求するうえでの日常的な課題の解決や、日々の仕事を円滑に進めるための他部門との連携といった素朴かつ具体的なものを中心に、現場で活躍している医療経営士の活動紹介によるあるべき姿の共有や業務改善提案を行っている。特集は「Ｅｘｃｅｌ活用法」「経費削減プロジェクト」「院内委員会の運営」「データの活用」などであり、すべて「今日から使える」情報発信を旨としている。

また、医療経営士の使命である医療機関および地域の全体最適を実践するためには、医療機関内外の関係者を巻き込むことが不可欠であり、これには専門性というよりも人間性や社会性が大きくかかわる。そのため、誌面では医療機関以外で活躍する医療経営士の声や他業種において全体最適のマネジメントを実践する先達の声なども積極的に取り上げている。

一方、『フェイズ３』は、「社会・地域とともに成長する医療を考える」をキャッチフレーズに、トップマネジメントに不可欠な「戦略」と「戦術」に重点を置いた内容にリニューアルすることで『月刊医療経営士』との差別化を図った。トップマネジメント層による時代・社会・地域の未来を見据えた戦略の構築と、その戦略を実践していく医療経営人材の育成という医療経営の二大テーマについて、『フェイズ３』と『月刊医療経営士』の二誌によって対応するという体制を敷いたわけである。

介護の分野でも「経営士」誕生——介護の活性化に大きな期待

ホームヘルパーやケアマネジャー、介護福祉士など、介護業界では多くの資格を創設してきた一方で、「人づくり」はほとんど行われてこなかった。現場で活動できる有資格者を大勢つくることと、介護というものを大局的にとらえ、これからの介護をどのようにしていくかを考える人材を育てることは明らかに違う。「資格者づくり」と「人づくり」の二つは似ているようで全く異なるものなのである。

「現場の頭数さえそろえればいい」という発想では、次代の介護を担う人材はとうてい生まれない。現在の介護では、単純な介護労働者の育成ではなく、介護の理論を総合的に理解し、問題解決、人材育成、地域との連携などを多面的に考えることができる人材が必要である。このような視点から生まれたのが、「介護福祉経営士」である。『介護福祉経営士テキストシリーズ』全二一巻に着手するとともに、「医療経営士」と同様に、介護における経営人材の育成は「公共財」の育成と同義ととらえ、その認定資格の付与や普及を行う組織として一般社団法人日本介護福祉経営人材教育協会の設立に奔走した。初代の代表理事を務めたのは、社会福祉法人旭川荘名誉理事長であった江草安彦氏である。

林社長が江草氏に介護福祉経営士の資格の必要性を説明し、協会への協

日本介護福祉経営人材教育協会の初代代表理事を務めた江草安彦氏。2015年3月13日逝去

力を依頼したところ、その場で代表理事就任を快諾されたという。長年にわたって理事長として社会福祉法人旭川荘の経営に取り組み、日本を代表する社会福祉法人に成長させた実績から誰よりも介護福祉の発展には「経営が必要」と感じていたからだと推察される。事実、江草氏は介護福祉分野に「経営＝マネジメント」を必ず根づかせる、という強い信念のもと次のように語っていた。

「家政は英語で『ホームマネジメント』というそうです。『人が幸せな家庭生活を送るための知恵と経験を、存分に発揮できるよう組み立てたもの』という意味です。しかし、介護にはそれが欠けている。介護教育で大切なテーマは、①倫理、②知識・技術、③マネジメントの三つ。このうちマネジメントの視点が不十分だったのでは、と気づかされたのです」

また、医療・介護の連携が問題視されるなか、この役割を担う経営人材の役割は必ず大きくなると常々、「医療も介護もさまざまな専門職が生まれています。しかし分化は結局、退歩につながる。これを通り過ぎた時に『総合』、まとめることが求められるようになります。その『まとめる』ことこそが経営」とも訴えていた。当初、介護事業者のなかには『介護福祉経営士』に対して「具体的な役割がわからない」「位置づけが不明」といった声もあったが、江草氏の話をきっかけに、その役割は理解されるようになっていった。

二〇一二年一〇月の一般社団法人日本介護福祉人材教育協会の設立記念祝賀会には、江草氏をはじめとする理事や「介護福祉経営士」テキストの

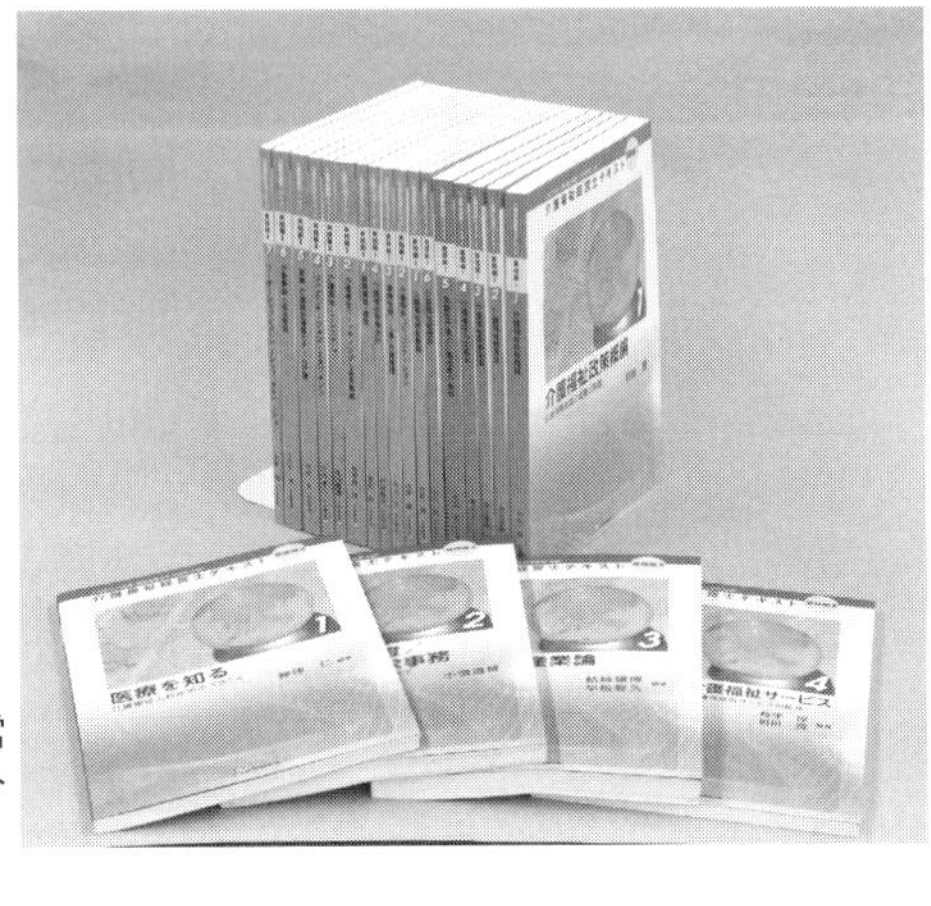

介護・福祉事業を担う経営 “人財”育成のためのテキスト 全21巻

執筆者に加え、来賓として朝川知昭・厚生労働省老健局振興課長（当時）も駆け付けた。いかに世間からの注目を集めたかがわかるだろう。

残念ながら、「介護福祉経営士」の最大の理解者であった江草氏は志半ばで亡くなられた。大変な損失である。しかし、その後任に元厚生事務次官の多田宏氏が就任された。多田氏は厚生省時代から、その発想力・行動力に定評があり、今後の活躍が期待される。

日本医療企画では、教育事業本部を中心に各支社の連携のもと、さまざまな営業・広報活動を展開してきた。第一回「介護福祉経営士２級」資格認定試験を目前に控えた、二〇一三年二月から三月にかけては全国七会場で「介護福祉経営士説明会」を開催。その結果、介護事業所の経営者やマネジャークラスはもちろん、介護現場の最前線に立つホームヘルパーや介護福祉士、ケアマネジャー、医療機関や金融機関関係者、四一五人が受験するという華々しい船出を飾った。

介護福祉経営士事業は、医療経営士事業と同様、合格したら終わりではない。その育成について江草氏は、「試験に合格された皆さんは、改めて『人間とは何か』『幸せとは何か』という根源的な問いかけについて考え、学ぶ機会をつくっていただきたいと思います。高齢者や障害者がどのように暮らすことが望ましいのか、常に自問することが先駆的なサービスを実践するために必要です。介護福祉経営士には広がりのあるサービスを創造する役割を期待しています」と、「経営に携わる者こそ介護の本質を探究し続

江草氏の跡を継ぎ代表理事に就任した、元厚生事務次官の多田宏氏

けることが大切である」と呼びかけていた。

この思いを具現化するため、日本介護福祉経営人材教育協会では地域支部を設け、各地域支部では「人間力コース」と「実行力コース」の二つの研究会を開催している。「人間力コース」は介護福祉経営士に必要不可欠な福祉マインドを養うとともに、「人間にとっての幸せとは何か」を考えることから高齢者の望む暮らしのあり方、そのために必要なサービスを浮き彫りにしていくというもの。介護福祉サービスの原点を問う研究会だ。一方、「実行力コース」は、ヒト・モノ・カネのマネジメントに関する実践的なハウツーを学ぶことができる内容となっている。

また、同協会では各地域支部の活動を共有するためのツールとして『Ｓｕｎ』を刊行している。その誌名には、シルバーサービスや介護・福祉の分野で活躍する介護福祉経営士に、「日本の社会全体を照らす太陽のような存在になってほしい」という願いが込められている。

介護の質アップのために教育指導者の養成へ
――介護福祉指導教育推進機構の設立

介護の質を高めるためには、何よりも介護職に対して質の高い教育を行う必要がある。そのため近年、介護職に対する各種研修の充実が叫ばれているが、肝心の介護職を育てる人材をそのままにしておいては教育の充実は望めない、そこで、日本医療企画は教育人材の育成から始める必要があ

介護福祉経営士の会員情報誌
『Sun』(季刊)

ると考え、介護の教育指導者の育成に乗り出した。理想とする教育指導者像は『介護の本質』を語ることができ、人間性・社会性・専門性を兼ね備えた介護人材を育成できる人」である。

この理想像を追求するために、二〇一四年一二月に一般社団法人介護福祉指導教育推進機構を設立した。同機構のスタンスは、定款第三条に端的に表れている。「介護福祉に従事する人材の量的確保と質的向上を目指し、教育研修のさらなる充実を図るために人材育成に関する事業を行い、わが国の介護福祉サービスの発展に寄与すること」（以下略）である。

具体的な事業内容は、「介護職員養成研修等の講師の育成」「介護職員養成研修等の講師の評価および認定」「介護職員養成研修等の講師の職務能力の向上を図る講習、セミナー、シンポジウム等の開催」「介護福祉分野の人材育成に関する調査・研究・情報提供」「介護福祉分野の人材育成に関する教材の企画・監修」「介護福祉分野の教育研修を担う人材の紹介」「会報誌等の出版物の発行」である。

代表理事には、群馬医療福祉大学大学院教授で、日本生活支援学会会長の黒澤貞夫氏が就任。機構の設立に先立ち、一四年一〇月には黒澤氏をはじめ、機構の理事が介護福祉教育の基本となる三大テーマ「介護の本質」「介護専門職としての職業観」「教育者像」について討論した内容をまとめた『介護福祉教育原論』を発刊した。同書は、その後実施される「介護福祉教育エキスパート講座」でテキストとして用いられることとなる。

介護福祉指導教育推進機構の代表理事を務める黒澤貞夫氏

一五年三月のセミナー「介護福祉の専門職を磨く〝真の教育〟とは？〜これからの人材育成に必要な6つの視点」を開催後、四月からは「第一回介護福祉教育エキスパート講座（東京会場）」を開始した。講座は、『介護福祉教育原論』の内容に基づき、介護福祉教育の基本となる三大テーマを三日間に分けて学ぶというもの。特徴は単なる座学だけではなく、参加者同士でのグループワークや事前事後学習にレポートを課し、自ら考える力を養うことに重きを置いたことだ。第一回には介護職員初任者研修、実務者研修を開講する養成事業所や介護福祉士養成校の教員、介護サービス事業所の管理者や研修担当者など、育成にかかわる立場の人々が参集し大きな反響があった。

その反響に応える形で、名古屋、大阪、福岡でも開催した。「介護福祉教育エキスパート」養成講座を修了し同機構に入会すると、次のステップである「介護福祉教育マスター」育成講座へ進めることにし、継続的な育成にも力を入れている。従前日本医療企画はホームヘルパーや介護福祉士、ケアマネジャーのテキスト出版を通じた専門職の育成、『介護ビジョン』による経営支援、介護福祉経営士による人材育成を展開してきた。すべての源になる教育者の育成に乗り出すのは必然の流れだったと言える。

栄養経営士の誕生――全員医療・全員経営への挑戦

医療の現場では、医師や看護師、薬剤師、管理栄養士、ＰＴ、ＯＴ、Ｓ

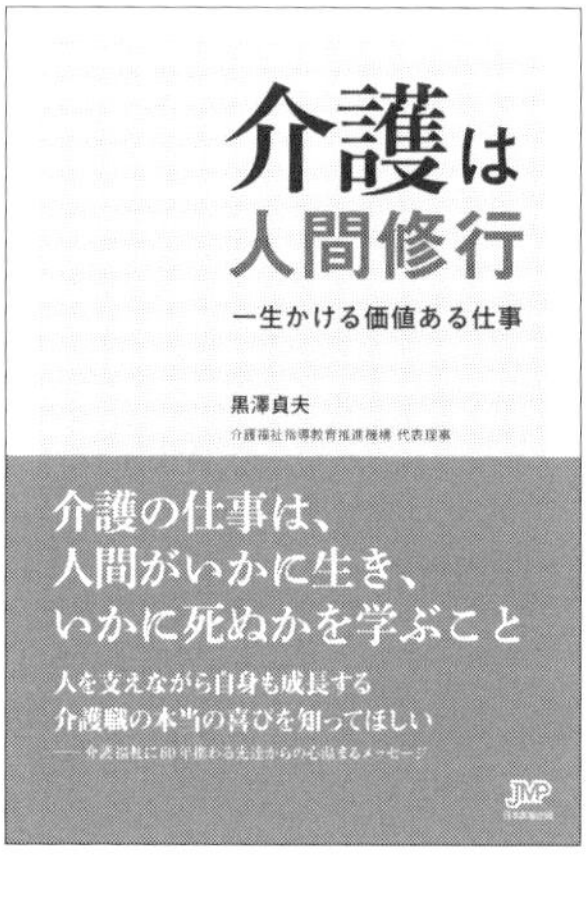

介護福祉に60年携わってきた黒澤貞夫氏が介護の神髄について語る『介護は人間修行』

Tなど、専門資格ごとに担うべき役割が細分化されている。医療機関の持つ力を最大限に発揮するためには各職種がレベルアップを図るとともに、細分化された職種が有機的に連携した「チーム医療」を進める体制が不可欠である。しかしながら、いまだに医師を頂点とするヒエラルキーに縛られている現場が散見されることも事実である。これを解決するためには、何よりも各職種が「全員医療・全員経営」という認識を持つ必要がある。もはや医療経営は経営スタッフだけでできるものではないからである。

このような状況を受けて日本医療企画は、専門職にも経営意識およびそのための専門知識が必要という考えのもと、栄養管理の経営を担う新たな管理栄養士の育成に挑戦することにした。「栄養経営士」である。そのあるべき姿は、栄養管理のチームマネジメントに関する臨床スキル、コミュニケーションスキル、リスクマネジメント、コンプライアンス、人材育成など多岐にわたる知識を習得し、かつ、実務の現場において広くその知識・経験を発揮できる人材である。求められる能力は、①現状分析・評価能力、②目標設定能力、③適材適所の人事能力、④人事評価能力、⑤アウトカムの評価・分析能力、⑥病態把握能力・教育――の六つだ。

「栄養経営士」の創設には、管理栄養士側の危機意識もあった。二〇一五年五月に栄養経営士の資格認定、普及を担う組織として発足した一般社団法人日本栄養経営実践協会の代表理事を務める宮澤靖氏（近森病院臨床栄養部部長）は管理栄養士の現状を次のように認識していた。

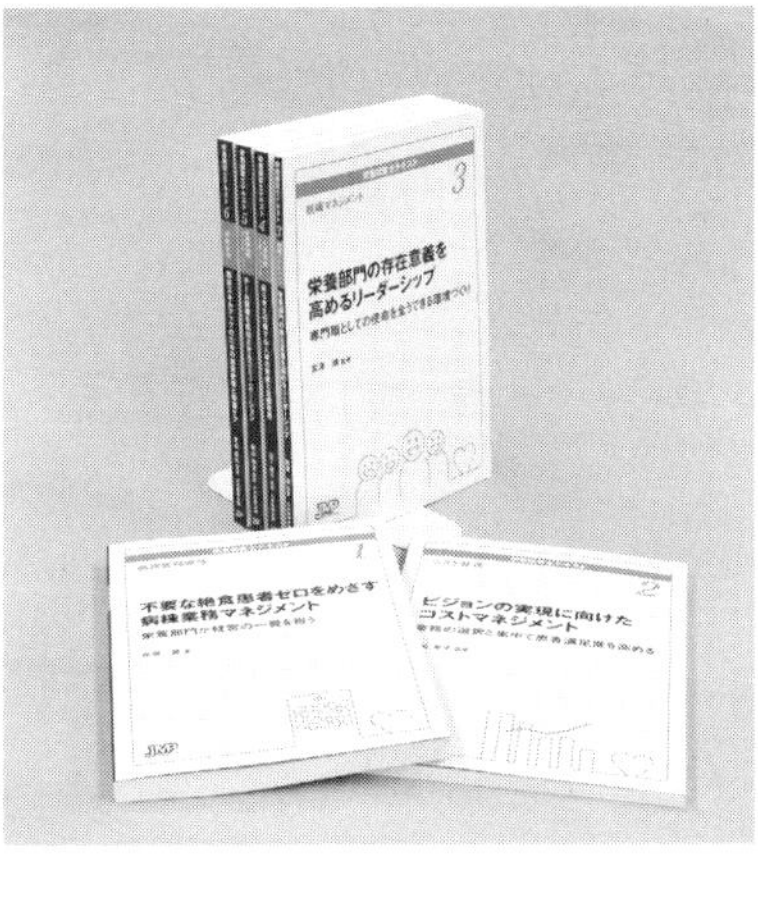

10年後、栄養管理の専門職として生き残るための実力を養う、「栄養経営士テキスト」全6巻

「多くの管理栄養士が今後、自分たちが栄養の専門職として何を目指していくのか、そのビジョンのないまま行き当たりばったりに日々を送っている。看護師や薬剤師のように病棟配置加算によってその立場が守られることもない。管理栄養士のみでの技術料として算定できる加算もない。このような状態でこの先、病院の管理栄養士は果たして生き残っていくことができるだろうか」

超高齢社会を迎え、医療界には臨床と経営いずれにおいてもパラダイムシフトが求められている。高齢患者の多くは、さまざまな疾患を複数合併し複雑な病態を呈しており、手術や薬物療法など従前の急性期医療の発想の源泉にある「治す」医療では対応するのは不可能。「治らなくても人生を楽しめる」ための「支える」医療が必要であり、そのためには口から食べること、栄養状態を維持して免疫力を保ち感染症のリスクを高めないことが鍵となる。これからの医療において、栄養経営士に求められる役割は限りなく大きいと言えるだろう。

「栄養経営」と言うと、とかく目先の食材費のコスト管理ばかりが注目されるが、医療経営という観点から考えた場合、より大きいのは適切な栄養サポートによる患者の栄養状態の改善や感染症などの合併症の防止。これは抗菌薬や輸液の莫大な医療費削減になるし、何よりも患者満足度の向上、ひいては地域における信頼感の獲得にもつながるからだ。このような経営的な観点を持つ栄養経営士の活躍が、医療・介護に不可欠な専門職として

日本栄養経営実践協会の代表理事に就任した近森病院臨床栄養部部長の宮澤靖氏

しての管理栄養士のポジションを確立するとともに、「全員医療・全員経営」の気風を生み出すきっかけにもなると考えている。

金融機関勤務者の資格取得者急増——『月刊ヘルスケア&ファイナンス』の誕生

医療経営士はその創設からわずか五年で約一万三〇〇〇人が受験し、合格者は約五五〇〇人と予想を超えるスピードで普及が進んでいる。それだけ多くのニーズがあったということの証左であるが、予想外に受験者数が増えた理由の一つに金融機関の関係者がこぞって受験したことがある。

従前医療機関は建築資金を主に補助金で賄っていたこともあり、金融機関はそれほど魅力的な融資先としては見ていなかった。しかし一〇年ほど前から公共投資の絞り込みが始まり、医療・介護に対する国庫補助が削減されて以降、金融機関は医療機関や介護事業所のパートナーとしての存在価値が急速に高まっている。一方、金融機関にとっても、高齢者増による将来的なマーケットの拡大が確実なうえ、ヘルスケア分野は成長分野であることから、重要顧客と認識するようになっている。

地域の安全・安心を支える医療機関や介護事業所と、融資を通じて地域の活性化を目指す金融機関が地域の課題や未来について同じビジョンを共有し、豊かなコミュニケーションと確かなリレーションシップを築くことができれば、日本医療企画の原点である地域づくりを推進することにもなる。誰もが住み慣れた地域で暮らせる社会としての「地域包括ケアシステム」の構築には、ヘルスケアの視点だけではなく、経済や雇用、まちづくりといった幅広い視点が必要になり、そのためには医療・介護業界の内外の叡智を結集しなければならないからだ。

これを具現化するための手段として日本医療企画は、二〇一五年八月に『ヘルスケア＆ファイナンス―金融人のための医療・介護読本―』を創刊した。もちろん、金融機関の医療経営士が増えたというニーズへの対応の意味もあるが、同誌が目指すのは、あくまでも金融機関と医療機関や介護事業所が地域創生のパートナーとして協業できるようにすること、つまりヘルスケアとファイナンスの融合によって社会を動かし地域を変えることだ。

金融機関が医療機関・介護事業所と円滑なコミュニケーションが図れるようにするには、医療・介護業界の置かれた現状や課題を理解し、協業できるポイントを把握する必要がある。そのため、同誌では医療・介護の現状と方向性をわかりやすく提示するとともに、金融機関に所属する医療経営士の実際の活動を取り上げながら、具体的な業務への活かし方も伝えている。

ヘルスケア市場の活性化には地域づくりはもとより、高齢先進国であるわが国を今後支える新たな産業の育成という側面もある。医療・介護の枠を超えて地域づくり、国づくりに寄与する『ヘルスケア＆ファイナンス』は、

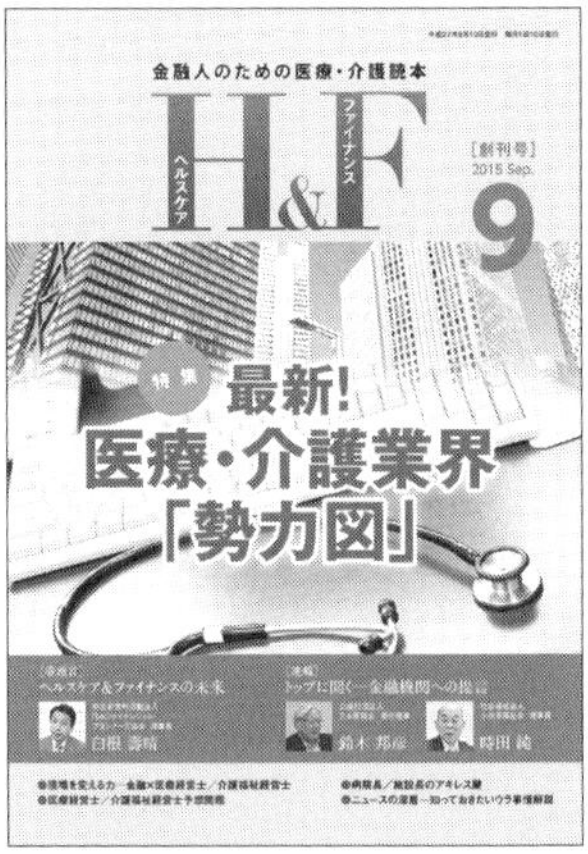

ヘルスケアとファイナンスの融合による地域創生を視野に入れた『ヘルスケア＆ファイナンス』を創刊

ヘルスケア分野の総合情報企業としての同社の新たな道を切り拓く、まさに未来につながる事業と言えよう。

ヘルスケア経営学院の開設と医療経営人材の本格育成へ

二〇一〇年に医療経営士、一二年に介護福祉経営士、一五年に栄養経営士と、経営人材の育成を軸にした教育事業を本格化させた。この電光石火とも言えるスピードで事業を実現することができた理由の一つには、長年温めてきた「医療経営学院」構想がある。これは医療経営人材の育成を目的とした学校の設立であり、日本医療企画では約二〇年前から、この設立に挑戦してきた。当時は大学の医療経営学部ですら入学希望者が集まらない状況であったが、医療経営が求められる時代の本格的到来と、それに必要な人材育成として主に病院の事務職を対象とした「医療経営管理者養成講座」などを開催してきた。

そのカリキュラムは、▽環境分析（医療制度動向や外部環境の学習／分析トレーニングシートによる分析方法の習得）、▽ビジョンの設定（経営革新を成し遂げるための意識改革／経営マインドの共有・向上）、▽戦略体系（戦略体系のドローイング／外部環境、経営分析、ビジョンなどのプレゼンテーション）、▽行動計画（戦略体系における具体的行動計画書の作成／全体、部門、課題別の検証）、▽実践評価（環境分析、事業計画の策定から実施までの検討／行動計画定着の手法討議）――など、今見ても色あせるものではなく、激動の医療界を生き抜くためのポイントを押さえていたと言えるだろう。

もっとも二〇年前には社内の人材不足などもあって、「医療経営学院」構想は事業として軌道に乗せることが叶わず、失敗に終わると思われたが、「医療界に経営人材は必要になる」という林社長の信念と、「あきらめなければ失敗ではない」という執念によって復活。日本医療企画における教育事業の本格化に伴って医療経営学院はヘルスケア経営学院としてリニューアルし、東京本社だけではなく各支社にも開設した。現在は医療経営士・介護福祉経営士の各支部活動のサポートを行うとともに、医療経営や介護福祉経営に関する専用のテキストをベースに、インターネットを使って好きな時間に好きな場所で学ぶことができるeラーニング講座を開講している。今後、栄養経営士はもちろん、その他の人材育成に関しても同様の事業を展開していく予定だ。

もはや質の高い雑誌や書籍を編集制作していれば、自然と売れるという時代ではない。インターネットを使ってさまざまな情報を無償で手に入れることができるようになるなか、出版社が生き残っていくためには、顧客が本当に求めている付加価値のあるサービス提供が不可欠である。ヘルスケア経営学院によるeラーニング講座を軸にした人材育成事業については、業態変容が求められるほかの出版社からも注目を集めている。

第7章　地方再生・創生に向けた新しい地域づくりへ参画する

会社案内で地域づくりのビジョンを示した、「日本医療企画がつくる独自の資格人材による『新しい地域社会』の未来像」

〝地方の時代〟に必要となる全国ネットワークの組織体制

出版社の多くは東京に本社を置き、そこで制作した雑誌や書籍などを日販やトーハンなどの出版取次を通じて全国の書店に配本している。近年は出版取次を通さずにインターネットを通じて媒体を販売する出版社が増えているが、東京本社で商品を制作するというスタイルは基本的に変わっていない。このような状況のなか、日本医療企画は北海道・関東・中部・北信越・関西・九州の六つの支社を持っている。しかも各支社は営業機能に加えて、独自の編集機能を併せ持ち、現地での情報収集・発信、媒体制作、商品開発も行っている。出版社としては異例の組織体制だ。この全国支社展開は、会社創業七年目の一九八七年一〇月、まだまだ本社機能も万全とは言えない同社の黎明期に当たる時期に支社第一号となる関西支社を開設したように、かなり早い段階から計画されてきたことである。なぜ、他の出版社が東京発信の媒体づくりを行うなか、支社ネットワークづくりにこだわってきたのか。その大きな目的は、①徹底した顧客ニーズへの対応、②リスク分散、③人材育成、④新しい地域社会づくり――の四つにある。

一つには、日本医療企画が医療・介護・福祉をテーマにしてきたことが関係している。この医療・介護・福祉を産業の側面から見た場合、労働集約型かつ地域完結型の産業ととらえることができる。いずれも制度ビジネ

本社および2004年1月開設の関東支社（東京都千代田区）

スとしてそのルールに関しては中央集権的な統制が強いため、経営に関する情報提供というと、厚生労働省等の中央省庁の動向を上意下達的に伝えることがメーンとなりがちである。しかし、基本的には人口動態や疾病構造、医療・介護インフラの状況は地域ごとに違うため、医療・介護・福祉分野の事業を展開する経営者は地域の現状と将来を見据えながら、理想像を描いて提供体制を整備していく必要がある。当然、都市部や地方、へき地など地域によって課題は異なるため、医療・介護経営のあり方や顧客の求める情報も全国一律というわけにはいかない。医療・介護・福祉の経営に関しては、中央発の情報提供が各地域のニーズに合ったものになる可能性は低いのである。

もちろん、東京以外の地方の情報を取り上げるのであれば、現地に出張して取材すればよいという意見もあるだろう。しかし、地域の医療・介護・福祉について取材しようにもその地域の風土や歴史、特性はもちろん、どのような医療機関、介護事業所があり、それぞれがどんな役割を果たしているのか、地域のキーマンとなるような人材はいるのかなどをきちんと把握していなければ、特定の医療機関や介護事業所、行政などの好事例を紹介するといった後追い的な報道にならざるを得ない。このような記事は取り上げられた人が喜ぶ程度で、顧客のニーズに応える情報提供とは言えない。

真に地域および地域医療・介護の抱える課題やニーズの抽出、その解決

支社第１号として1987年10月に開設された関西支社（大阪市中央区）

策を提示するという顧客のニーズを満たすためには、やはり現地に生活の根を下ろし、地域の人たちと同じ空気を吸い、同じ目線で地域をとらえる視点が不可欠である。つまり、各地域をきめ細かくカバーする全国支社展開は、地域に根差した医療・介護・福祉の情報の収集および発信、キーマンの発掘と連携といった観点から理にかなった取り組みなのである。実際、中央発による医療・介護・福祉政策はうまく進んでいない。このことからも顧客のニーズに応えるためには地域に入り込み、地域が育んできた風土や歴史に鑑みた事業を行うことの重要性がわかるだろう。日本医療企画ではこれまで医療・介護・福祉に関するさまざまな問題提起を行ってきたほか、数多くの新人、あるいはそれまで日の当たっていなかった地域の人たちを発掘することで業界の活性化に寄与してきた。その背景には、各支社が地域に入り込むことで築き上げてきたネットワークがあるのだ。

医療・介護経営は診療報酬および介護報酬改定等の制度によって左右される面があるため、従前厚生労働省の意向を下達するような情報提供でもそれなりに価値があったのは事実である。しかし、インターネットによって中央官庁発の情報は誰でもとれるようになった現在、わざわざ雑誌を購入してまでこうした情報を得ようというニーズは減っている。中央発の情報発信による商売が通用しなくなった現在、支社ネットワークを活かした事業展開の重要性は大きくなっていると言えよう。

会社のリスク分散という観点からも支社展開の意義は大きい。一九九五

2002年4月に開設された
九州支社（福岡市博多区）

年の阪神・淡路大震災、二〇〇七年の中越沖地震、一一年の東日本大震災からもわかるとおり、日本は世界でも有数の災害大国である。政府の地震調査委員会が今後三〇年以内に約五〇％の確率で首都直下型地震が起きると指摘しているように、東京本社もいつ、大規模災害に見舞われるかわからないという状況だ。仮に東日本大震災級の地震が首都圏において発生した場合、おそらく本社機能はストップしてしまうことだろう。こうした事態が起きた時、各支社に本社と同様の機能があれば、本社機能を支社に移転させて事業活動を継続することができる。実際、東日本大震災の発生時、本社機能に一部支障が生じたものの、各支社に営業および編集機能があったため、この難局を乗り切ることに成功した。

また、支社展開には経営的なリスクを分散させるという狙いもある。当初、中小出版社による全国支社展開は前代未聞だったこともあって反対意見も少なくなかった。それでも林社長がその声を遮って支社構想を推進した背景には、バブル経済崩壊以降、企業や官庁、国会議員いずれも活気が失われた状況に直面し、「東京という足場は崩れてきている。従来のような本社決済に頼った商売を続けるのは難しくなる。今後は地域に拠点を設け、売上をつくらなければ会社は存続できない」と危機感を抱いたことも影響している。

その狙いのとおり、支社では本社で制作した媒体やサービスの販売のほか、地域の医療機関や介護事業所、企業の広報誌の作成や地域の医療・介

2002年10月開設の北陸営業所が拡大・発展し、2004年1月に北信越支社（石川県金沢市）を開設

護関係者を対象としたセミナーや人材育成事業など、それぞれが地域ニーズに合わせた独自の事業を展開している。これらの取り組みやそのノウハウを全支社で共有することは、会社全体の事業の幅を広げるとともに、収益源を支社に分散することで経営のリスクヘッジにもなっている。たとえば、本社および一支社の売上が低下したとしても他の支社が売上を上げることで補う。仮に本社単独で事業を行っていた場合、本社の売上低下はそのまま会社全体の売上低下につながる。全国支社展開は経営的なリスク分散という役割も担っているのである。

「地域は人を育てる」――。これは新聞記者時代、大阪、東京、神戸、姫路、京都、丹波、但馬など、大都市から寒村までさまざまな地域で暮らす人と交わり仕事をしてきた林社長の持論である。大都市においては毎日のように事件が発生し、企業は新商品や新サービスを発表するなどネタとなる話題に事欠かない。もちろん取材先も選り取り見取りである。一方、地方、とりわけ〝田舎〟に行くと事件や事故はほとんど起きず、警察や役所に顔を出しても「平穏無事」の一点張り。待っていても次々と話題が舞い込んでくる都市部とは違って、受け身では記事を書くことができないのである。そのため、地方で新聞記者としてまともな仕事をするためには、自分から行動して記事のネタをつくり出す必要がある。その地域におけるさまざまな統計データを分析し地域の課題や特徴を浮かび上がらせたうえでその解決策を論じたり、地域の歴史や風土を研究し当地ならではの記事をまとめ

2013年8月に開設された中部支社（名古屋市中区）

たりといった具合だ。これに関して林社長は自治体担当者と協力して地域の懸案事項の過去数年間の動向をレポートしたり、神主に直談判し神社にある国宝級のご神像を一〇〇〇年ぶりに一般公開させたり、さまざまな活動を行ってきた。この経験によって、「一記者の枠にとどまらない活動を進めてきたことで仕事上の創意工夫や商売の基礎を身につけることができた」と常々語っている。

もちろん、これは日本医療企画においても同様である。支社は本社と違って少人数であり、また地方には大手企業も少ない。商売のネタになることが限られているため、記者だからといって原稿だけを書く、営業だからといって単に商品を販売するということでは通用しない。各支社スタッフが編集と営業を兼務しながら、地域に入り込み記事のネタとなる情報や商売のタネになるニーズを収集し、創意工夫を重ねながら事業をつくっていかなければならないのである。こうした多面的な仕事を行うためには、「顧客の要望に応えること」「さまざまな人脈をつくること」「地域の問題を地域の人たちとともに考えること」「地域に欠けているもの、必要なものを見いだし事業につなげること」「ステークホルダーと連携すること」を意識せざるを得なくなる。そして、試行錯誤を繰り返しながら事業を創り上げていくことで自然と人が育つことになるのである。

そして、「④新しい地域社会づくり」である。林社長がサンケイ新聞社を辞めて独立する際、最初に考えたテーマは「地域経営」であった。その

2014年9月に開設された
北海道支社（札幌市中央区）

証拠に『市町村経営』という雑誌を発行しようと商標まで押さえていた。最初に「市町村経営」の必要性を意識するようになったのは一九六〇年代半ばのこと。地方支局の記者として役所や警察、農協、社会福祉協議会などを回ってものれんに腕押しで、とりわけ役人は「新聞に書かれず、無難にやり過ごすほうがいい」という姿勢で、何か特別なプロジェクトに取り組む様子もなく、毎年同じことの繰り返し。この時に「こんなことで地域は持つのだろうか」「いつか市町村はおかしくなるのではないか」という疑念を抱くようになったという。わずか数年でこの疑念は現実のものになる。七〇年代に入って高度経済成長期が終わると、何もしなくても税収は上がるという時代は終焉を迎える。お上から地方交付税をいかにして獲得するかを考えて、予算を使い切ることに奔走する、そのような考え方が通用する時代ではなくなったのである。

地域住民のために地域はどうあるべきか、そのあるべき姿の実現を目標に掲げ、ゴールに至るまでの道筋を描いて課題を一つひとつクリアしていくという、自立・自動・自助の地域づくりのための経営のあり方を提言し、それを具現化するための人材育成を行う――。日本医療企画の創業前から林社長はこのような構想を温めていた。これが現在の支社ネットワークにつながっているのだ。

グローバルな情報配信に向けてニューヨーク支局を開設

北海道・関東・中部・北信越・関西・九州の六支社体制の全国ネットワークによって、地域に密着した医療・介護・福祉等に関するきめ細かな情報を提供する一方、日本医療企画では一九九〇年にニューヨーク支局を開設し、四半世紀前から海外情報の配信にも力を入れてきた。目的は医療経営に関する最先端の情報の配信だ。病医院のための医療総合情報誌『ばんぶう』を創刊し、医療界に初めて「医療経営」の概念を持ち込んだものの、これまでにないものであったため、当時、国内にはモデルとなるようなケースは皆無。そこで目をつけたのが、病院経営の最先端国、アメリカの医療であった。

もちろん当時、アメリカに人脈などなかった。そこで『ばんぶう』で医療界における注目の人物を招いて、さまざまな問題の核心に迫る「行天対談」を担当していたNHK解説委員で医療ジャーナリストの行天良雄氏に相談したところ、旧知の間柄であったニューヨーク医科大学臨床外科教授の廣瀬輝夫氏を紹介された。廣瀬氏と言えば、世界初無輸血開心手術のための無血人工心肺の開発、冠動脈バイパス手術、自家組織を用いた心臓弁の再建術など、さまざまな新術式を開発した重鎮である。すぐに林社長は単身渡米し、アメリカの医療事情を調査するとともに、廣瀬氏に「海外に

ニューヨーク支局長に就任した
廣瀬輝夫氏（右）

おける医療制度や病院経営の課題などについての情報を配信してもらえないか」と直談判した結果、廣瀬氏も日本やアメリカの医療について問題意識を持っていたこともあり快諾。自宅敷地内に日本医療企画ニューヨーク支局を開設し、アメリカの医療情報を『ばんぶう』をはじめとする各種媒体に配信し続けた。

その後も林社長はたびたびアメリカに渡り、廣瀬氏と対話するなかで、「医師引退後は医療ジャーナリストになりたい」という希望を聞いたことをきっかけに、数多くの書籍も刊行。なかでも九八年四月に出した『日本よ！米国医療を見習うな　医療ビッグバン成否の鍵を検証する』は米国医療一辺倒であった日本の医療界に警鐘を鳴らす書として大きな話題を呼んだ。廣瀬氏は今日、医療ジャーナリストとしても高い功績を残しているが、その原点には林社長との出会い、そして日本医療企画のニューヨーク支局での活動があると言っても過言ではないだろう。実際、廣瀬氏は同書のあとがきで次のように述べている。少し長いが引用させていただく。

「著者は過去一五年にわたり、医療ジャーナリストとして米国医療を紹介し続けてきた。米国の医療制度の問題点を指摘し、また学ぶべき点を紹介してきた。日本は、米国の展開から五年後にその道を辿るといわれているが、ＤＲＧやＰＲＯは実施からすでに一五年が経過しているし、専門医制度にいたっては実に二〇年の時間的な隔たりがあった。しかし、こういう米国の制度をそのまま日本が模倣することは、必ずしも日本の医療の実情に即しているとは思えない。そうした状況のさなか、米国医療視察でその実態を知り、米国医療制度の安易な日本への導入に同じように危機感を抱かれた日本医療企画の林諄社長からの要請に応じて、今回、日本に再び警告の意を発するため、著者の感ずるままに一気に記したのが本書である。諸賢の御一考を願えれば幸いである」

行政との連携による厚労省広報誌——『月刊厚生労働』編集制作へ

地域づくりに力を注ぐ日本医療企画だが、その実現のために国の広報誌の制作にも乗り出した。きっかけは、二〇一二年一月半ば、書籍担当者のもとに厚生労働省から入った一本の電話だった。

「広報誌の企画競争入札に参加しませんか」

それまで三〇年以上にわたって特定の会社が受注していたために参入障壁は高く、連絡からプレゼンテーション本番までの猶予は、わずか一週間。しかも従前は、どちらかというと厚労省に対し、ジャーナリズムの視点から批判的なかかわり方をしてきた面がある。それでも「新しい地域づくりのためには行政と組む必要がある」「広報誌を通じて国民にきちんと情報を伝えることで、国民の意識は変わり、地域も変わっていく」と、あえて手を組むことを決意した。

林社長を筆頭に、教育、編集、営業から選抜メンバーが集まって議論を

厚生労働行政を一般国民に知らせる一助を担う、広報誌『月刊厚生労働』の企画・制作

重ねてはプレゼン資料に落とし込み、見直す。こうした企画会議が一週間にわたって行われた。突貫工事ではあったが、「広報誌というからには万単位の部数を」という林社長の意見をベースに掲げた目標一〇万部という意気込み、全国をカバーする支社網などの営業体制が高く評価され、受託が決定した。

熱意を受けて、厚労省も大臣官房総務課広報室と省内各部署の広報担当者による「広報誌編集委員会」を設立。この協力関係が「生活と政策をつなぐ」をスローガンに、これまでにない広報誌『厚生労働』を生み出すことになった。

もっとも、厚労省との付き合いは長いとはいえ、医療や介護に関する厚生部門はともかく、子育て支援、労働といった分野のハードルは予想以上に高いものであった。たとえ専門外とはいえ、高いレベルの企画・記事が求められる。おまけに重箱の隅をつつくような厳しいチェック、急な企画の変更など、数々の難題が持ち上がってきたが、そのたびに社内横断的な編集制作体制を組んで克服。社内の人員体制を変更するという改革も断行しながら、厚労省と信頼関係をつくりあげていった。厚労省側の発信した情報をそのまま出すのではなく、国民生活にどのような影響があるのか、国民は何をすべきかという視点にまで落とし込んだ特集や、厚労省の各部局を紹介する「厚生労働省　探検隊がゆく」など、「具体的かつわかりやすい」と人気企画になった。特に毎号著名人が表紙に出ている点は高い評価を得ており、厚生労働行政を一般国民に知らせる一助となっている。

また、厚生労働省という行政からの仕事を請け負うことで、日本医療企画の信頼度もより高いものになり、受託物の依頼も増加。新たな価値を生み出す媒体となっている。

地域の関係者を巻き込み新しい地域づくりに取り組む

近年、医療・介護の関係者と話をしていると、必ず耳にする言葉に「地域社会の崩壊」がある。しかも、その多くは崩壊に歯止めをかける対策を講じるのではなく、「時代の流れだから仕方がない」と肯定し、その崩壊を前提とした地域の医療・介護のあるべき姿を考えている。しかし、地域社会の崩壊を見過ごしたまま、目先の医療・介護のあり方だけを考えていても根本的な問題解決にはつながらない。医療・介護は地域の安心・安全を支えるものであり、地域全体のあり方に目を向けずして理想的な提供体制の構築など望むことはできないからだ。つまり、本来は全体(地域)をしっかり見据えたうえで、部分(医療・介護)をどう構築していくかを考えていく必要があり、これには医療・介護関係者だけではなく、行政や企業、ＮＰＯ、地域住民全体で地域のあり方を考え、新しい地域づくりを進めていかなければならない。

この地域の関係者が問題意識を共有し地域全体での議論を巻き起こすた

めのツールとして二〇一四年八月一日に日本医療企画が開発したのが、まちづくりのための地域密着型情報冊子『地域経営とヘルスケア』である。自社の事業を地域密着型と位置づけるとおり、「関東・信州版」「中部版」「北信越版」「関西・中国版」「九州版」の五つの冊子を刊行した。メーンとなるコンテンツは地域の医療・介護・福祉・行政・大学・企業関係者による座談会である。これは、それぞれの視点から地域の未来について考えていきながら、地域のさまざまな問題を浮き彫りにするとともに、それまで接点のなかった地域の関係者同士をつなげる場としても機能した。まさに地域全体を巻き込んだ新しい地域づくりの始まりと言える。

『地域経営とヘルスケア』は当初、無料配本を行っていたが、地域に浸透してきたことに加えて、「ヘルスケア」の枠を超えた地域づくりの推進へ向けて、地域住民全員がともに考え、取り組むツールとなる雑誌にリニューアルするために一時休刊。さらに、媒体を通じた情報提供だけにとどまらず、新しい地域づくりを事業として一本立ちさせるため、地域づくりの拠点となる「地域づくり情報発信推進協議会」の設立や、支社ネットワークを活かした地域づくりのノウハウの収集および発信、地域課題の解決を担う人材の育成などを準備している。

先述したように林社長は日本医療企画の創業前、現在のような地域崩壊の状況を予見し、雑誌『市町村経営』の創刊を計画していた。創業当時はヒト・モノ・カネも乏しいうえ、自治体とのネットワークもそれほどなかっ

各地域の特性を活かし、まちづくりを推進するための地域密着型情報冊子『地域経営とヘルスケア』中部版（左）と関東版

たために、同誌の発刊はかなわなかったが、本社・支社ともに人員体制やネットワークが充実してきたことを受けて実施する新しい地域づくり事業は、三五年を経てたどり着いた〝原点回帰〟と言えるものだ。「市町村経営」の考えをもとに地域のあるべき姿を描き、その実現を持って「地域社会の崩壊」に歯止めをかけ、地域を再生する。これは新たな国づくりとも言うべき一大事業であり、日本医療企画の今後の命運をも左右する事業となることだろう。

　創業から三五年が経過した現在、日本医療企画では「新しい地域社会づくり」を使命の一つに掲げている。二〇〇七年に北海道夕張市が財政破綻するなど、地域社会を取り巻く状況は厳しく、もはや待ったなしの状況だ。新しい地域社会づくりが不可欠であり、その旗振り役の主翼を担うのが、地域の関係者とのネットワークを築いてきた日本医療企画の使命と言えよう。その意味で、全国に支社をつくり、地域に密着する事業を展開してきたのは、林社長が創業前から問題意識を持っていた新しい地域づくりを推進していくための布石の一つであったとも考えられる。

※

「観客席から試合を見てレポートするのではなく、実際にグラウンドにおりて試合に加わろう」。これは林社長が繰り返し社員に訴えている言葉である。この言葉には「医療・介護・福祉の世界や地域で起きている問題を評論家的な立場から批評していても、問題は何ら解決しない。自分たちも

左から順に、九州版、関西・中国版、北信越版の各冊子

当事者の一員として現場や地域の人たちとともに考え、解決策を見いだしていくことが肝要」という意味が込められている。林社長はその言葉のとおり、自ら毎月必ず支社に足を運び、社員はもちろん地域の関係者と意見交換を行っている。こうした努力によって地域の真の課題や顧客ニーズが明らかとなり、地域との関係性が深まり、同社の存在意義も高まっていくのである。

中央集権体制を軸とした東京一極集中型の国のシステムはすでに賞味期限を過ぎており、現在「地域創生」をスローガンに地域をどのように再生していくかが問われている。これは日本医療企画が創業時から追求してきた哲学と合致するものである。地域の人たちとともに地域のあるべき姿を考え、その実現に向けて関係者全員が連携するための媒介役となる。これまで培ってきた支社ネットワークの力や医療・介護・栄養分野での情報・人材等の蓄積がまさに試される時代が到来したと言えよう。

第2編

特別座談会
日本医療企画の〝挑戦と創造〟を大いに語る

行天良雄
医事評論家／国際医療福祉大学大学院客員教授

須田　清
弁護士／須田清法律事務所所長

西村周三
一般財団法人医療経済研究・社会保険福祉協会　医療経済研究機構所長

川渕孝一
東京医科歯科大学大学院教授

特別座談会

日本医療企画の“挑戦と創造”を大いに語る

日本医療企画は「挑戦と創造」をテーマに掲げ、医療経営専門誌の創刊から民間初の医療シンクタンク「民間病院問題研究所」の創設、わが国初の病医院情報誌や栄養専門誌、介護経営専門誌の創刊、「医療経営士」に代表される経営人材の育成事業など、ヘルスケア分野においてさまざまな事業を展開してきた。もちろん、これらの事業は一社単独でできることではなく、さまざまな人たちや機関・団体の協力があってのことであり、この35年間は数多くの人たちに支えられてきた歴史とも言える。そこで本座談会では、日本医療企画の事業に多大な協力をいただきながら、外部の視点からその事業にかかわってこられた方々に、同社の35年間を総括してもらうとともに、未来への道筋を示してもらった。

潰されてしかるべき難局を乗り切った多くの人たちの協力と社長の人柄

行天　最初に、本日出席している人たちと日本医療企画のかかわりから始めましょうか。林社長と一番付き合いが古いということで先陣を切らしていただきます。とはいえ、あまりにも昔のことなので最初に林社長といつどこでお目にかかったのか正確な記憶はありませんが、日本生命保険の伊藤助成社長からご紹介いただいたと記憶しています。ただ、お話をしていて「本当に妙な人」だなと感じたのは覚えています。何しろ言っていることが「ぶっ飛んだもの」ばかりでしたから。「医は仁術」という時代に「これからは経営だ」と言ったり、国を変えると選挙に出馬したり、本当にいろんなことに手を出しており、「この人はいったい何を考えているのか」と思っていました。これについては今もあまり変わりませんが(笑)。

この会社と林社長の三五年を私なりに振り返ってみると、良いように言うと「将来を見通して今日の多くのことに先鞭をつけた」、悪く言えば「よくわからないけど、さまざまなことに取り組んだ結果、たくさんの人に支えられたことで運よく難局を乗り切ることができた」になると思います。

今の若い人は想像もつかないと思いますが、三五年前の医療界は医師中心で医師以外の存在は許されないという時代でした。ですから、「医師はお金のことは一切考えてはいけない」という世界にあって、「医療経営」を提唱する日本医療企画は本当に「異質な存在」であり、多くの批判も受けていました。方々でいじめられ、潰されてしかるべきであったにもかかわらず、それでも難局を〝するする〟と切り抜けながら、今日まで生き残ってくることができたのは、本当に不思議なことです。

これに関しては、林社長の運と周りの人の支えが大きかったと思います。ピンチになるとなぜか助けてくれる人が現れる。たくさんの人の協力を得られたという点から、林社長の人柄によって生き残ってこられたと言ってもいいかもしれない。その意味では、日本医療企画は個人経営的な側面が強い会社だととらえています。

西村　私も古くからかかわらせていただきましたが、最も印象に残っているのは一九九七年刊行の『医療ビッグバン―どう変わる明日の医療―』の監修です。私はもともと医療経済のマクロ経済的側面を専門としていましたが、一九八三年の「医療費亡国論」以降、医療費抑制策へと一気に舵を切られたことを踏まえ、さまざまな取材を受けて大きな話ばかりをしていました。今から考えると恥ずかしい話です。その流れで医療費抑制下にあって医療機関は変わらなければならないというオピニオンを発信する必要性を感じ、『医療ビッグバン』の監修を引き受けることになったのです。

この『医療ビッグバン』が予想を超えて有名になり、医療関係者の方にお会いすると「医療ビッグバンの西村先生ですね」と言われるようになりました。病院の経営などに関心を持つようになったのは『医療ビッグバン』のおかげだと思っています。もっとも『医療ビッグバン』発刊後には、編集部にさまざまな批判も寄せられたそうですが、そんなことには関心がありませんでした(笑)。

須田　私が林社長と出会ったきっかけは「自治医科大学の大宮進出問題」でした。私は一九八〇年から埼玉県医師会の法律顧問をしており、最初のころはもっぱら医療過誤事件を担当していました。それが一九八四年ごろ、当時の埼玉県医師会会長の福島茂夫先生から、自治医科大学が大宮市への進出を計画しているが、その反対活動について大宮医師会と共同戦線を張るので法律的なバックアップをしてほしいと持ちかけられたのです。反対運動の一環として、予防接種の全面返上も行いました。もちろん拒否はせずに自由診療でやっていたわけですが、そうすると公正取引委員会から呼び出され、「どこまでやる気だ。こちらにも考えがある」と言われるなど、大宮医師会VS自治医科大学の範疇を超えて国家的な問題にも発展する様相を呈してきました。そのような状況のなか、法律論ではなく医療政策論で闘う必要があると、福島先生が連れてこられたのが林社長だったのです。

林社長には医療政策の観点からさまざまなアイデ

アを出していただくとともに、『健康さいたま』を使って埼玉県民に広く医療問題を伝えたほか、『自治医大はどこへ行く』を通じて世論に対する問題提起を行ってもらいました。特に『自治医大はどこへ行く』には感動しました。自治医科大学の本質だけでなく、へき地医療と医師の偏在問題も指摘しています。今から三〇年前に今日大きな問題となっていることを提起していたわけですから驚くべきことであり、今でも読まれるべき普遍的な本だと思います。最終的には自治医科大学の大宮進出が政治的な決着で決まり、今日では自治医科大学と大宮医師会は極めて良好な共存・共栄の関係になっていますが、それも『健康さいたま』『自治医大はどこへ行く』を通じた問題提起や議論があったからだと考えています。

ぎょうてん・よしお
医事評論家／国際医療福祉大学大学院客員教授
1926年、東京生まれ。49年、千葉大学医学部卒業後、日本放送協会（NHK）に入社。一貫して保健、医療、福祉に関する放送の企画に従事し数千本を超える番組制作に携わる。81年、NHK解説委員。NHK退職後は医事評論家として活躍。厚生省医療審議会専門委員をはじめ各自治体の委員も務める。日本医療経営実践協会理事。

川渕　「失敗を重ねて35年」がこの本のタイトルですが、振り返ってみると自分の人生も失敗続きで、似ている部分があるなと思います。私は今ではしがない学者ですが、日本医療企画には一方ならぬご恩があります。もともと学者になる気はなく、当時アメリカでは病院経営を専門とするHCAやヒューマナという株式会社が跋扈しており、もしかしたら非医師の自分も院長や理事長になれるかもしれないとだまされてある会社に入社し、病院の受付事務をしていました。もっとも、病院の事務をしてすぐに「しまった」と後悔しました。今でも変わらないと思いますが、医療界は「士農工商」の世界で、とにかく職員は皆、医師に対するコンプレックスのかたまり。これでいいのかなと思いましたよ。

また、診療報酬に関しても矛盾だらけで、「点数設定がおかしい」と思って旧厚生省に電話すると、周りの人たちから「天に唾を吐くようなことはやめなさい」と諭されました。そんな問題意識を持っていたとき、「厚生省病院管理研究所（現国立保健医療科学院）のポストが空いたので、そこに研究員として応募しませんか」と言ってくれたのが、元毎日新聞の記者をしていた上司でした。

ただ、言いにくいのですが、当時私は一本も学術論文を書いていませんでした。シカゴ大学経営大学院で修士論文を書いていたのですが、それだけでは不十分と言われ、困っていたところに『ばんぶう』の担当者から一本の連絡が入りました。実は、この方ももう亡くなられましたが、先の元毎日新聞の記者の後輩でした。即興で『ばんぶう』に論文を書いたので、どのような論文を書いたのかは覚えていませんが、元上司に原形をとどめないほど書き直してもらったことについては今でもよく覚えています。その時に初めて「文章とはこうして書くものなのか」ということを体得しましたので、『ばんぶう』あっての川渕かなと思っています。

西村　『ばんぶう』については編集委員もやらせてもらいましたが、これについては行天さんの言うことを聞いているだけの存在でしたね（笑）。

行天　『ばんぶう』を創刊された当初は、とにかくスポンサーを探すのが大変だったと思います。これがないと雑誌は成立しませんから。そのため、私も林社長と一緒に製薬会社や医薬品卸の方々とよくお会いしましたよ。サンケイ新聞で経済部の記者をしていた経験から林社長は企業関係者との縁が深い一方、私はご存じのとおりお金とは縁のない人間でした。林社長の付き合いのあった人の多くは財界人でしたから、少しはお金に縁のない人間とも付き合っておこうと考えられたのではないかな。

川渕　『ばんぶう』以外ではＪＭＰブックスシリーズで医療法改正をテーマにした本を数冊出させてもらいました。当時、医療の書籍と言うと難しいものしかなかったところに、ＪＭＰブックスシリーズは新鮮な切り口やスタイルで、一テーマ七〇〇字程度にまとめて解説し、おまけに挿絵としてマンガも入っていました。当時周りから「川渕さんの代表作はマンガ本か」と言われた時には、カチンときましたが、それなりに売れたと聞いています。その後、『病院の品格』や『医療経営士テキストシリーズ』の監修、日本介護福祉経営人材教育協会の理事もさせていただくなど深いお付き合いをさせていただいています。

にしむら・しゅうぞう
一般財団法人医療経済研究・社会保険福祉協会
医療経済研究機構所長
年金シニアプラン総合研究機構理事長
1945年生まれ。京都大学経済学部卒業。同大学院を経て、横浜国立大学助教授、京都大学助教授、同教授、同大学副学長などを歴任。京都大学大学院名誉教授。専門は医療経済学。同分野の日本における草分け的存在の１人で、医療経済学会の初代会長を務める。国立社会保障・人口問題研究所所長を経て現職。

官僚との連携・協調と対立……
時代を切り拓いた人は報われないことが多い

西村　日本医療企画との関係と言うと、民間病院問題研究所（現・ヘルスケア総合政策研究所）も印象に残っています。当時、全日本病院協会前会長の木下二亮先生から、「民間病院問題研究所をぜひつくりたい。日本医療企画の林社長に全面的にバックアップしてもらえるので、西村先生にもぜひ協力してほしい」と言われたのです。病院全体の八割を民間病院が占めていながら、官優先の日本の医療制度に対しては疑問を持っていました。厚生省が手綱を握りながらも、社会のニーズの変化にきちんと対応していたのは民間病院だったからです。そのため、近い将来訪れる高齢社会を見据えて民間病院の役割は大きくなると考えていました。おまけに精神科病院の院長先生が驚くような収入を得るなど、医療制度に民間病院の現状がきちんと反映されていないことに対する義憤もありました。木下先生とお話をしているうちに、何よりも面白そうだと感じたので協力させていただくことにしたのです。以降、社会のニーズに柔軟に適応するという観点から、私は基本的に民間病院を支持してきました。実際、近年大きな課題となっている高齢者医療を充実させてきたのも民間病院の努力によるものだと思っています。振り返ってみますと、民間病院問題研究所は、官主導という日本の伝統に対して、それを少しでも外そう

すだ・きよし
弁護士／須田清法律事務所所長
1967年、日本大学卒業。70年、東京弁護士会登録。72年、須田清法律事務所開設。96年、東京弁護士会副会長。2000年度関東弁護士会連合会副理事長。著書に『医療調査官制度についての一考察—医療過誤訴訟事件の対応策として—』(法学書院)、『医療法務のすべて』(日本医療企画)ほか多数。埼玉県医師会法律顧問、埼玉学園大学理事、日本医療経営実践協会監事などの要職を務める。

とする努力と対立の歴史だったような気がしています。非常に面白い時代でした。

　ただ、残念ながらいまだに医療政策は基本的に「官」が中心になって考えられているのが現状です。やはり「官」の力をひっくり返すのは難しい。行天先生が「林社長はさまざまなことに手を出した」と言われた背景には、一九八〇年代の医療費抑制策以降、医療界が動乱の時代に入ったということも影響しているのではないでしょうか。

行天　西村先生の言われることはもっともで、変化が大きい時代でしたから、「さまざまなことに手を出した」のはある意味、仕方のないことだったと思います。日本医療企画の創業の約五年前に、在宅死亡者数と病院死亡者数が逆転して以降、医療界は病院中心の医療に移行したにもかかわらず、日本医師会会長の武見太郎先生が開業医を擁護し続けていました。それに対して千葉県旭市の国保旭中央病院院長の諸橋芳夫先生が喧嘩腰でぶつかるなど、いろいろな意味で難しい時代でしたから。私も公正中立であるべき公共放送の人間でありながら、さまざまな

ことに首を突っ込んでいたので言いますと、武見太郎先生にはものすごい恩義がありますが、それでもおかしいという思いは持っていました。

また、木下先生に長年くっついていましたので、民間病院問題研究所のことはよく覚えています。ただ、当時は「官」中心であったこともあり、民間病院問題研究所には当初、本流にいた学識経験者たちはあまり積極的に協力しませんでした。そのなかで名が通っていた学識経験者というと西村先生ぐらいだったでしょう。他の人たちはやはり「官」中心に国をまとめていかなくてはいけないと考えていたと思います。

西村　確かに自分たち(民間病院問題研究所)は「〝やくざ〟の集まり。なぜそんなところに近づくのか」と言われたこともありましたよ(笑)。

川渕　私が国立医療・病院管理研究所にいたころ、林社長とはまだ面識がなかったのですが、その名前に脅威を感じたことを覚えています。それは当時の厚生省の事務官の幹部が、民間病院問題研究所設立の立役者であった林社長に「財団法人医療経済研究機構(現・一般財団法人医療経済研究・社会保険福祉協会医療経済研究機構)」の設立の協力を仰いでいたからです。当時、国立医療・病院管理研究所には医療経済研究部があったにもかかわらず、新しく医療経済の研究組織をつくるということは、「我々は役に立たない」と全否定されていると危機感を覚えたわけです。また、国立医療・病院管理研究所の所長は医系技官のポストでありましたから、その一方で事務官中心の医療経済研究機構を立ち上げると聞いたときには、「事務官によるクーデターが起きたか」とも思いました。

こうしたこともあって「何とか存在意義を示さないといけない」と考えていた時に、当時、保険局に在籍し後に事務次官になる辻哲夫さんから「平均在院日数を短くし医療費を適正化する手立てはないか」と相談されたのです。そこで少し劇薬になるかもしれませんが、と提案したのがＤＲＧ／ＰＰＳ(Diagnosis Related Groups／Prospective Payment System)でした。国際疾病分類に精通していた一七病院から患者の個票データを提出してもらい報告書

かわぶち・こういち
東京医科歯科大学大学院医療経済学分野教授
一般社団法人日本介護福祉経営人材教育協会理事
1983年、一橋大学商学部商学科卒業。87年、シカゴ大学経営大学院修士課程（MBA取得）修了。89年8月より厚生省国立医療・病院管理研究所（現・国立保健医療科学院）医療経済研究部勤務、95年、同研究所主任研究官。98年、日本福祉大学経済学部経営開発学科教授。2000年より東京医科歯科大学大学院教授。

をまとめた時は、当時健保連副会長だった下村健さんも話にのってくれ、健康政策局や保険局をあげた国家プロジェクトになりました。平均在院日数の短縮や医療費抑制に貢献したつもりでしたが、いつのまにかDPC／PDPSに変わり、DRGは〝時期尚早〟となり、私も〝お払い箱〟とされました。

林社長も医療経済研究機構の設立に貢献し、理事として社員を企画・研究職に出向させるなど旧厚生省に尽くしてきたにもかかわらず、その後の処遇には義憤を覚えているのではないでしょうか。散々利用しておきながら簡単に切り捨てるという旧厚生省の姿勢に対しては、私と同様に林社長も忸怩たるものがあるかと思います。井戸を掘った人はもう少し大事にするべきでしょう。

行天　時代を動かした最初の人は皆悲しい目に遭うものです。私が唯一自慢できるのは一九八一年に放送した「日本の条件『医療』三部作」を制作担当したことです。約三年間、延べ約二四〇人のスタッフ関係者を投入して徹底的に国内外の取材を行った結果、たどり着いたのが高齢化の問題だったのです。治療中心の医療から寄り添う医療になり、やがて介護を経てエンディングを迎えるようになる過程で、保険制度や人口問題を考える必要があると警鐘を鳴らしたのですが、笛吹けど踊らずというのが実態でした。僕は例外的に幸福な人生でしたが、最初に時代を動かそうとした人はあまりいい思いをしません。林社長はしぶとく残っていると思います（笑）。

西村　私は、境界を超える人間が世の中を変えると考えています。自分の分相応以上のことをしようという発想が境界を超える原動力となり、それが世の中を変える流れを生み出していくのでしょう。その点に関して林社長はすごいと思いますよ。

行天　その意味では時代の変化を確実にとらえてきたと言えるかもしれませんね。

川渕　林社長もかなりニッチな分野に取り組んでこられましたが、医師なのにＮＨＫに就職した行天先生や、医療経済学の草分け的存在である西村先生も同じですよね。我々からすると「うまいなあ」と思う一方、アントレナーシップの重要性を痛感します。アメリカで最も偉いのは会社を起こす人ですが、日本ではいまだに役人です。これはおかしなことと思いますよ。

須田　東京大学卒は基本的に官僚になりますからね。戦前もそうかもしれませんが、戦後の日本もやはり官僚国家であるのは間違いない。

行天『明治維新という過ち　日本を滅ぼした吉田松陰と長州テロリスト』という本が出ていますが、これには一理あると考えています。徳川幕府が二六〇年も続いたのは膨大な官僚組織があったからであり、明治維新に移行していく日本を支えたのもほとんどは徳川幕府の官僚集団でした。敗戦国日本においても牽引してきたのはやはり官僚集団です。だから思い切って官僚中心型の国家をつくるのもいいと思います。その代わり官僚には幅広い視点を求めます。省庁間で足の引っ張り合いをするのではなく、昔のように最もできる人間が財務省に行って管理するなど、はっきりと決めたほうがいい。

西村　確かに官僚は必要ですし、活躍してもらわないと困ります。問題は、「品格のある人」がどれほどいるかということです。日本は他国と比べて「品格のある人」をきちんと育ててこなかったと感じます。官僚に一番上に立ってもらうと困るわけです。官僚が優秀なのはわかりますが、あくまでも支える人であってもらいたい。

川渕　医療経営士に関しても当初、怪文書が流されるなど、日本医業経営コンサルタント協会との軋轢があったと聞いています。特に当時の協会長は、個人的にも大変お世話になった旧国立医療・病院管理研究所の所長だっただけに、つらいものがありました。

マンネリズムを忌み嫌い、何よりも挑戦を好む その姿勢が生んだ「医療経営士」のこれから

川渕　林社長がさまざまなことに手を出してきたのは、何よりもマンネリズムを嫌うからのように感じます。絶えずチャレンジをしていないと気が済まないという人でしょう。「医療経営士」もその一つであり、そのスタンスに感銘を受けたからこそ、「医療経営士テキストシリーズ」の監修のお手伝いをさせていただきました。もっとも、私の社会人としてのスタートが医療事務だったので、医療経営士に対してはラブコールを送りたいという思いもあります。

しかし、日本医療企画は三五年前に医療界に「経営」の概念を持ち込み、先鞭をつけたわけですが、三五年経って、その時の思いが成就されているのかということには疑問があります。というのも昨年一二月、日本医療経営実践協会の五周年記念シンポジ

ウムで、シンポジストを務めた医療経営士の人たちに「経営とは何ですか」という問いかけを行ったところ、いまだに医療経営というと財務管理、もっと言うと「お金儲け」をイメージしている人が多いからです。本来、経営とは「人を育て動かす」ことだと考えている私としては残念なことです。

行天　日本医療企画の原点である『ばんぶう』は「医師のための生活情報誌」として創刊されました。そうであれば「経営＝お金儲け」重視ということではないと思うのですが、そのあたりが忘れられているのかもしれない。きちんと患者を治し助けることが大切であり、そのために経営があるということです。

川渕　その『ばんぶう』にしても最近は「増患対策」をテーマにしたりしています。私はこの言葉が大嫌いで、本来はだれも医療機関なんかに行きたくないと思います。しかし今は、完治が期待できない病気が増えています。治らないものに対して四〇兆円もの医療費が投入されていることをきちんと考えて、少しでも健康にする人材を育て動かすことが経営ではないでしょうか。

須田　医療経営士が予想以上に拡大していることについて林社長と話したことがあるのですが、もはや医師一人ですべてをやるのが不可能な時代に来ているからだという結論になりました。医師が頂点にいて、そのほかはすべて召使いといった時代はとっくに終わっているわけです。しかも、職員の意識が高まり労働問題も増えています。医療から労働問題まで医師一人で担うのは不可能ですよ。とはいえ、医療経営を担う事務職の仕事は非常に多岐にわたり、さまざまな知識を必要としています。本来は大学がそうしたコースをつくるべきなのかもしれないが、そうしたものもありません。

西村　大学で育てるのは無理だと思います。大切なのはやはり病院の現場でしょう。優秀な会社では従業員が切磋琢磨しながら自主的に勉強しています。病院内でも職員がこれからの世の中はどのように変わっていくのか、医療と健康はどう違うのかなどをそれぞれの視点から議論するといった風土が大切です。もちろんバックボーンがなければ議論もできませんから、その意味で医療経営士は非常に重要な資格であると考えています。

行天　久常節子さんが日本看護協会の会長をしていた時、看護師をすべて大卒にするという方針を打ち出しました。「馬鹿なこと」「無駄なこと」「頭でっかちの看護師をつくっても意味はない」と批判されましたが、彼女も大卒にすること自体に意味がないことはわかっていたと思いますよ。それでも長年、病院内で医師から馬鹿にされてきた看護師の意識改革を行うためには、大卒者とする必要があったのではないかと考えて断行したのではないでしょうか。医師にとって事務職は看護師以下の奴隷的存在でした。これを変えるためには医師の認識を変える必要があり、そのためには真正面から物申せる人材が不可欠です。

しかし、単なる事務職である限り、医師をはじめとする専門職に対して発言することはできない。発言しないのであれば経営を担う存在とは言えません。この事務職の意識を変える意味でも、医療経営士の資格の意義は大きいと考えています。

川渕　「経営に資格は必要か」という議論がありますが、医療経営士について言うと「士」がついたからこそ受験者が一万人を超えるまでに普及したのではないでしょうか。西村先生は生え抜きの学者ですが、私は事務職から出発しましたので、いわゆる無資格者は一定のコンプレックスもあり、資格や地位に憧れるわけです。特に英検や日商簿記のように1級2級3級とあると、人間は常に上を目指そうとするものです。その意味ではいい仕組みだと思っていますが、問題は合格者が五〇〇〇人を超え、「本当に現場で役立つ人材なのかどうか」です。「全く役立たず」とか〝ペーパードライバー〟という批判を受けるなか、その真価が問われるようになっているのが現状でしょう。

行天　本当に役立つ資格にするためには二つのアプローチがあると思います。一つは、強力な政治力を駆使して、医療機関の事務長および事務次長、あるいは経営企画室長は「医療経営士の資格がないと就任できない」としてしまうこと。もう一つは、一般の病院が「医療経営士」を積極的に雇用する流れを生み出すことです。

しかし現実は、「医療経営士の資格を持っているから採用しよう」という病院はほとんどありません。むしろ従順な人たちで周りを固めようとする傾向が強い。院長の考え方を変えていかない限り難しいと思います。

川渕　須田先生が指摘されましたが、法律一つとっても多岐にわたり、院長一人でこれらをすべて理解するのは不可能であり、院長に一定の助言をする〝参謀〟が必要なのは明らかです。これを医療経営士が担えるかどうかが課題です。

行天先生が院長の発想を変えていかないと言われたことには私も同感で、よく病院長や理事長から「優秀な事務長はいないか」と相談されることがあります。それに対して「年収一本（一〇〇〇万円）です」と言うと、「冗談じゃない。そんなに払えるか」と返答されるわけです。医療経営士が一定の〝市民権〟を得るには、その付加価値を高め、院長に認識させる必要もあります。それには生涯教育が不可欠であり、幸い全国支部のネットワークができています。

西村　医師資格は持っていないものの、病院経営において高い実績を残している人はたくさんいますが、不思議なのはそういう人たちのヘッドハンティングがあまり行われていないことです。本当に院長が「困った」と自覚するようになると、番頭探しを積極的に行うようになるはずです。そのような流れになりつつあると思うのですが。

川渕　確かにそうした流れになりつつありますが、結局はその「見合いの場」がない。近年、一般企業はもちろん、銀行関係者や弁護士など他の業界から医療界に入ってくる人も増えていますが、「医業経営に精通していますか」「この世界でどんな貢献ができますか」という問いにきちんと答えることができる人が少ないのが現状です。また、簡単に入ってこれるということは、病院の経営がプロ化していないことの証です。プロ化していくような流れをつくる必要があり、医療経営士の育成はそのためにも重要だと思いますよ。

須田　医療政策をはじめマネジメントに関するスキルについても磨き、医師や院長に対してきちんと意見をできる人材がいないと病院経営は苦しくなるでしょう。そのことに気づいていない院長も問題ですが、医療経営士ももっと今以上に研鑽して主張し、自分たちの存在意義を認識させることが大切です。院長の意識改革という点では『ばんぶう』『フェイズ3』の役割が大きいと思います。

介護の未来を拓いていくためには国民の価値観・意識の改革が必要

川渕　受験者数が一万人を超えるなど、医療経営士の事業は順調に進んでいる一方で、私も理事を務めている介護福祉経営士については、残念ながら普及が進んでいません。介護福祉の経営人材育成も重要だと思うのですが、この点について何かアドバイスはありますか。

行天　介護については経営人材以前に、なり手がいないことが問題でしょう。医療は手術をはじめとする診療行為が最上位にあり、それだけでは治らない人については寄り添って支えるという構造になっています。本来、この寄り添う部分は看護師が担ってきましたが、療養上の世話については避ける傾向が見られてきたため、その一段下に付き添いおよび介護という仕事が出てきた。つまり、純然たる階層社会なわけです。メーンの仕事は食べさせることと出させること。みんな嫌がる仕事であり、多くの人が集まるとは思えません。

個人的な話になりますが、先日従妹が嚥下障害をきっかけに亡くなりました。嚥下障害のケアをきちんと行うためには、水一杯飲ませるのに一時間はかかります。こんなことできるわけがなく、いい介護を望むのであれば前世において善行を重ねるしかないと思っています。

須田　介護は医療と比べてマーケット性も低いため、どうしても医療のほうに人材は流れる傾向があります。マーケット性を高めるためには、現在看護師の行っている仕事を介護職が担えるようにすることで、社会保障の予算配分が介護に流れるようにすることを考える必要もあると思います。

西村　大枠の話になりますが、介護については介護の技術と働き方を変えないと無理ではないでしょうか。簡単に言うと、ロボットの活用をはじめとする、より短い時間で効果的に要介護者のお世話をできるための技術を開発することと、介護従事者が短時間勤務でありながら社会保険などの恩恵を受けられる制度をつくることです。

行天　介護については国民の価値観も変えていく必要があると思いますよ。作家の吉村昭さんは、人の世話になりたくないと自分で点滴とカテーテルポートを引き抜いて亡くなられた。とてもじゃないけど人の世話になっているみじめな姿を見せたくないという、ものすごい意思ですよ。吉村さんのようなことはできないでしょうが、人の世話にならないように死んでいったほうがいいと思います。ある年齢の人が三日間水を飲まずにいたら自然と亡くなりますが、このようにありたいと考えることもあります。このように国民の価値観を変えることで介護の状況は大きく変わると思います。

川渕　私の生まれた富山県は〇・三二％（二〇一四年度）と生活保護率が全国一低いのですが、そう言えば子どものころ、小学校の先生から「生活保護を受けるのは恥だ」といったことを聞かされたことを覚えています。三・三五％の大阪府の詳細はわかりませんが、北陸には国の世話にならないという風土があるように思います。実際、亡くなった父もそうですが、母は国に申し訳ないから父の要介護度を極力下げてほしいと、少しでも儲けたいケアマネジャーに嘆願して、いつもケンカになっていました。

話は少し逸れるかもしれませんが、太平洋戦争終結から二九年目にしてフィリピン・ルバング島から帰還された小野田寛郎さんは、マスコミが「助けてあげよう」というキャンペーンをやった時、「人の施しは受けたくない」とブラジルに移住されて牧場経営をされた後、少年のいじめや自殺が多発する日本の状況を見て、健全な日本人を育成したいと帰国され「小野田自然塾」を主宰されました。こうした生き方こそ今の日本人に欠けていることだと感じます。政界のみならず、財界、学界を見渡しても、今の日本には本当に人材がいない。非常に危機的な状況ですよ。

行天　なぜこのようなことになったかと言うと、やはりもう戦争がないからですよ。たんぱく質と脂肪が十分供給されるなかにあって戦争はない。こんな国で寿命が延びるのは当たり前のことです。だからある意味、医師はやることがなくなってきている。それにもかかわらず、いまだに権威だけはあるから、「自分たちが助けてやっている」という姿勢をとらざるを得ないのが実情です。そう考えると林社長はさまざまなことに手を出したと言いましたが、さまざまな問題があったから手と口を出さざるを得なかったのかもしれませんね。

出版不況を乗り越えていくために面白いことに挑戦する日本医療企画に期待

須田　最後に、日本医療企画の今後に対する期待ということですが、これについてはやはり『ばんぶう』に期待したい。診療報酬制度も国のさじ加減一つで変わりますし、医療はいまだに官僚統制の世界から脱していません。もちろん官僚にもいいところはありますが、過度な官僚統制は業界の発展を阻害します。ですから、『ばんぶう』には反権力の姿勢を打ち出し、権力に対して積極的に問題提起していってもらいたいのです。

西村　これまでお話をしていて、さまざまな分野に手を出してきた会社ということでしたが、それはつまり社会のニーズの最先端を考えて対応してきた会社というように思います。これからに関しては、やはり社会的な問題になっている介護にどのように取り組んでいくかを期待したいと思います。

川渕　私が日本医療企画に言いたいことは大きく二つあります。一つは、出版不況のなか出版社はどこも大変な状況を迎えており、風変わりなビジネスモデルを構築する必要に迫られているということです。出版事業を一つの道具にして、人材育成や政策提言によって世の中を変えていくといったことが求められるでしょう。これに関して苦言を呈すると、社員の皆さんがお疲れなのか、少しマンネリ化しているように感じます。こんなことを言うと年寄りじみていますが、昔は『フェイズ3』には「さじまゆうたろう」というペンネームで、旧厚生省の内部情報がそのまま出たりしていました。厚生労働省にも面白い人があまりいなくなったということもありますが、記者クラブに出入りしていない会社ならではの斬新な取り組みを期待します。

もう一つは三五年間の売上高、利益率、社員数、出版物数、発行部数、ページ数、それから〝少数精鋭〟の野球部の勝率や社会への貢献度などのアウトカムをわかる範囲で出して、どこで儲けているのかをきちんと検証する必要があります。ボストン・コンサルティング・グループが提唱した「市場占有率」と「市場成長率」での①金のなる木、②花形製品、③問題児、④負け犬――と四つに分けるポートフォリオの考え方が有用だと思います。こんなことを言うと「また余計なお世話だ」と林社長に怒られるかもしれませんが、多くの現代人が本どころか新聞も読まなくなっていることを考えると、これからの時代は少数精鋭でないと生き残りは難しいのではないでしょうか。三五年後にまたお会いできることを期待したいものです。

行天　川渕先生の指摘された意見に同感です。そのためには数多くのブレーンを持つ必要があります。ブレーンとなる人材をきちんと育てて、その人たちを使って強力なネットワークをつくり、より多くの人を巻き込んだ事業を起こしてほしいと願います。

歌舞伎好きの知り合いから、弁慶が見せ場の六法を踏むときには、大向こうから絶妙のタイミングで声をかけることで演者はスムーズに飛ぶことができるが、最近は手をたたき出す人が増えて演者が踊るに踊れない場面が増えていると聞きました。日本医療企画は国に対する批判や政策提言を行ってきましたが、歌舞伎の変な掛け声にならないよう、絶妙のタイミングで行ってもらいたいと思います。

第3編　創業期から力を入れてきた社員の人材育成

どのような環境にあっても、常に夢や希望や勇気を失わない「ロマンチスト」である。変化を恐れず、過去にこだわらず、常に創造的破壊のできる「柔軟人間」である。自己中心、唯我独尊に陥らず、常に相対的感覚を持った「相対人間」である。一般社会の〝常識〟にこだわらず、常に旺盛な好奇心と問題意識を持って行動する「行動派人間」である――。詳細は後述するが、これらは日本医療企画が社員に求める人間像である。

こうした人材は座学によって生まれるものではなく、日々の仕事における問題解決や新しい事業の開発や推進などを通して育成していくものだと考え、実践を重ねてきている。本編では、創業期から力を入れてきた日本医療企画の人材育成をクローズアップする。

1．野球を通して優れた人間形成を行う
――無敵の野球集団「ばんぶーず」の創設

日本医療企画の人材育成の代表格として挙げられるのは、出版健保野球大会Aクラス五連覇（通算一一度優勝）、日刊スポーツ杯争奪東京総合健保野球大会二連覇（通算三度優勝）という輝かしい戦歴を誇る、同社の野球部「ばんぶーず」だろう。

「なぜ出版社がこれほどまでに野球に力を入れるのか？」

同社を知る人々なら、一度は抱く疑問であろう。

「ばんぶーず」は、営業部を中心とした社員によって結成されている。林社長曰く「もともとは趣味で始めた」野球部であり、一九九〇年三月の発足当初は社員だけではメンバーが足りず、出版健保野球大会における最も下のクラスであるＦクラスもなかなか勝ち抜けない弱小チームであった。そのため、強くなることや優勝するといったことは、当初は念頭に置かれておらず、林社長の野球に対する愛情や会社のＰＲ活動の一環といった側面が、野球部の継続を支えていた。

しかし、結成から四半世紀を経た今、同社の野球部は「趣味」から「人材育成の場」へと変貌した。「最初は弱かった。しかし、練習を重ね強くなっていった。強くなることで、『強いチーム』としてあるべき姿を追うようになった。それは根本的な人間力の高さを求めることであり、人間力の高い人材を輩出することへとつながっていった」と、林社長は語る。これは単に野球が得意な人材がそろっているという意味ではない。野球も巧く、かつ仕事もできる人材を育成する場へと、野球部は変化していったのだ。

これが意味することは何か――。常に身体を鍛えているので健康な肉体となり、仕事にも打ち込むことができる、といった単純なものではない。「相手がいて、どう対応していくかを考える」「失敗を恐れずに挑戦する」「ピンチの後にチャンスが来る」「好敵手の存在が自分を高める」――こうした考え方は、野球のみならず仕事にも通じる。さらに、野球においてはピンチの時やスランプに陥った時に、それを乗り越えるための精神力も必要と

林社長を胴上げする野球部員。第39回日刊スポーツ杯争奪東京総合健保野球大会（2015年）で連覇達成

なる。体力と精神力のバランスがとれた人間を育成する場としても野球は非常に役立ち、野球ができる人材は仕事もできる人材へと育てられるというわけだ。

改めて考えると、野球と仕事はリンクしている点が多い。たとえば、打者は好投手と相対すると、攻略するためには何が必要かを考えて打てるように努力する。好投手は簡単には良い球を投げてくれないから、いかに好投手から点を奪うかを考えて常に策を講じ、練習を重ねなければならないのだ。これを仕事に当てはめると、簡単には商品を買ってもらえない顧客（好投手）に商品を買ってもらうために、営業担当者および編集者（打者）は徹底的に考え、創意工夫するということになる。これは突き詰めると、好投手（顧客）は好打者（社員）を育てることにもなると言えよう。また、好投手すなわち優良顧客を見抜いて試合をしなければ、打者すなわち社員自身も成長しないということになる。ここには人を見る目を鍛えることにもつながることが示されている。

加えて、野球部では「打てなかったのは、問題がどこにあり、次はどのように改善すべきか」「相手投手を攻略するためには、どのような工夫が必要か」「勝つために、今何をすべきであるか」を問いかけ、考えさせることを欠かさない。常に選手に考えさせて自発的な行動を促す、近年一般企業で注目されるコーチングを自然と実践しているわけだ。この問答は、「お客さんに喜んでもらうためには何が必要か」「売れない（うまくいかない）

日本医療企画野球部の輝かしい成績

1990年
3月　クラブ野球チーム「ばんぶーず」発足

1994年
6月　第41回出版健保野球大会
　　Dクラス　優勝

1998年
7月　第45回出版健保野球大会
　　Cクラス　優勝

2000年
7月　第47回出版健保野球大会
　　Bクラス　準優勝

2003年
7月　第50回出版健保野球大会
　　Aクラス　準優勝

2004年
7月　第51回出版健保野球大会
　　Aクラス　優勝

2005年

のは何が問題で、どのように改善すべきか」を考えさせる習慣づくりにもなっていく。さまざまな局面にぶつかった時、どのように対応すべきかを考える姿勢は野球も仕事も同じなのである。

こうした姿勢は、日々の練習の積み重ねがあってこそ身につくものである。野球も練習をしなければその技術は目に見えて衰えていく。弱かったチームが練習を重ねることで強くなっていった。そのなかで、優勝チームに恥じないチームづくりを行う必要性が生じてきた。チームづくりとはすなわち選手づくりであり、人間づくりにつながる。「遊びで始めたつもりが、だんだんと勝てるようになってきた。そうなると、単に勝てば良いというだけでは済まなくなり、より練習に力を入れるようになった」と、林社長は振り返る。その大きな転機となったのが、二〇一〇年の出版健保野球大会Aクラス決勝での、まさかの敗退だった。八連覇まであと一歩のところで、勝利の女神に逃げられたのだ。これを機に、野球部は全体の練習に加えて、会社から皇居を周回する皇居ランニングを開始し、体力の底上げを図った。皇居ランニングを始めるにあたり、林社長が話したのが「野球のために走るのではなく、仕事のために走れ」という一言。単に走るのではなく、試合時の反省点、練習時の工夫の仕方、仕事上でのトラブルの解決方法などを走りながら考えていこうと発破をかけたのである。また、仕事をするうえでも体力は肝心であり、走ることが仕事をするうえでも力となることを、部員たちは身をもって感じることにもなっていった。

7月　第52回出版健保野球大会
　　Aクラス　優勝（連覇）
7月　平成17年度千代田区
　　春季野球大会5部　優勝
9月　第7回稲垣杯争奪戦　優勝
12月　平成17年度千代田区
　　秋季野球大会5部　優勝

2006年
7月　第53回出版健保野球大会
　　Aクラス　優勝（3連覇）
7月　平成18年度千代田区
　　春季野球大会3部　優勝
8月　第50回高松宮賜杯
　　東京予選　優勝
10月　第50回高松宮賜杯
　　全日本野球大会　初戦敗退
12月　平成18年度千代田区
　　秋季野球大会3部　優勝

2007年
6月　第54回出版健保野球大会
　　Aクラス　優勝（4連覇）
7月　平成19年度千代田区
　　春季野球大会第2部　優勝

この「走りながら考える」という行為は、自らの考えをまとめる力や、日々の出来事に対して感じる力を養うことにもつながっている。こうして考えたこと、感じたことをミーティングで部員間で話し合い、会話のなかから生まれたアイデアを実行する。そして、実行したことに対してまた反省し、さらなる改良を目指すという循環を繰り返すことで、一人ひとりの力とともにチーム全体の力も引き上げられていく。

劇団四季の創設者の一人である浅利慶太氏はかつて「現在の日本の初等教育においては、読み書きそろばんにプラスして話す力が必要だろう」と述べたが、林社長も同様に「野球には走攻守だけではなく、話す力も必要である」と、「話す力」の重要性も折に触れて部員たちに指導している。これは前述の「考える力」にも通じているが、どんなに良いアイデアが出ても、他者に伝えることができなければ、そのアイデアを実行することはできない。野球部の人材獲得において、「野球は巧くなくても良いが、物おじせず話せる人」「明るく、人をまとめる力を持つ人」といった基準を掲げているが、これは考える力、話す力を持つ人材をそろえたいという思いがあるからにほかならない。

野球部ではこれまで述べてきたような「野球と仕事はリンクしている」という考えのもと、土曜日の全体練習や水曜日の皇居ランニングを行っている。また、大会前には必ず川奈教育研修センターで合宿を張り、同じ釜の飯を食い、勝つための戦略・戦術について考えるだけでなく、仕事の悩

2008年
7月　第55回出版健保野球大会
Aクラス　優勝（5連覇）
9月　第32回日刊スポーツ杯争奪
東京総合健保野球大会　優勝

2009年
7月　第56回出版健保野球大会
Aクラス　優勝（6連覇）
8月　平成21年度千代田区
春季野球大会2部　優勝
9月　第33回日刊スポーツ杯争奪
東京総合健保野球大会
準優勝

2010年
7月　第57回出版健保野球大会
Aクラス　準優勝
11月　第18回関東草野球リーグ
土曜一部　優勝

2011年
7月　第58回出版健保野球大会
Aクラス　優勝

2012年
6月　第59回出版健保野球大会

みや生き方などの人生論についても議論する。合宿は単に勝つための練習ではなく、野球を通して人間性を磨くための「場」でもあるのだ。四半世紀にわたって野球を通じた人材育成を行ってきた結果が、同社における優秀な人材輩出の場としての「野球部」という存在になっている。

　こうした野球部員たちの考え方、行動力は部員以外の社員に対してもさまざまな刺激を与えているという。「野球はできないが、彼らの活動を見ていると励みになる」「仕事と野球を両立させるだけではなく、どちらも結果を出している点を自分の仕事にも活かしたい」「野球と仕事という異なる事象でありながら、双方に活かして両方をスキルアップさせている点から学ぶことが多い」――。「野球」が与える力は部員のみならず会社全体の力にもなっているという声が、社員からは聞こえてくる。

　先に述べた「なぜ出版社がこれほどまでに野球に力を入れるのか」という問いに対しては、「野球が『優れた人間形成を行う場』だからである」と答えよう。この野球部の活動こそが、「挑戦と創造」をひたすら行ってきた同社の根幹を支えているに違いない。

2. 徹底的な議論が人材を育て企画を生む
――川奈教育研修センターの開設と企画合宿

人材育成に創業時から力を入れている日本医療企画では、二〇〇五年一

Aクラス　優勝（連覇）
8月　平成24年度千代田区
春季野球大会1部　優勝

2013年
6月　第60回出版健保野球大会
Aクラス　優勝（3連覇）

2014年
6月　第61回出版健康野球大会
Aクラス　優勝（4連覇）
7月　平成26年度千代田区
春季野球大会1部　優勝
10月　第38回日刊スポーツ杯争奪
東京総合健保野球大会　優勝

2015年
6月　第62回出版健保野球大会
Aクラス　優勝（5連覇）
10月　第39回日刊スポーツ杯争奪
東京総合健保野球大会
優勝（連覇）

月に開設した、静岡県伊東市にある川奈教育研修センターが大きな役割を担っている。

同センターを開設した背景には、新聞記者や経営者として数多くの人とさまざまな議論を行うことが、知見を深めたり、物事に対する見方を養ったり、新しいビジネスを考えるうえでの突破口になったという林社長自身の経験があるという。じっくりと議論をしようにも社内では他の仕事もあり、どうしてもまとまった時間をとることができない。会議が終わって自分の席に戻ればルーティンワークが待っており、会議で議論したことが隅に追いやられてしまう。まとまった時間をとり、徹底的に議論するためには、そのための環境が必要ということで川奈教育研修センターはつくられたのである。

以降、新規事業や企画の検討をはじめ、各部門における問題の検証や事業に行き詰まりを感じた時などは、関係するメンバーが川奈教育研修センターに集まり、夜を徹する議論を行って結論を出すことを慣習としている。ここでの議論の場には常に林社長の姿がある。雑誌の売り上げの低迷に悩んでいた時期には、編集長以下、編集部員が膝を突き合わせて、雑誌の将来像について話し合ったこともある。この時は、「文章を書く」ことに拘泥しがちな編集担当者に、林社長が強烈な喝を入れた。夜遅くまで、そして朝早くから社員と意見を戦わせる姿勢に社員は大きな刺激を受けているのだ。第1編第6章で述べた「医療経営士」事業に関しても、林社長をは

2005年、伊豆・川奈に開設された
日本医療企画川奈教育研修センター

じめとする事業推進メンバーがここで徹底的な議論を行ったことで、その事業の骨格はわずか二日間でできあがった。

議論を行うにあたっては当然、自らの考えをまとめて相手を説得するためのプレゼンテーション能力や、相手の提案を受け止め、問題提起する力、課題発見力が必要になる。さまざまな課題について議論することで仕事の方法論の改善策や新しいアイデアなども浮かぶほか、日常に埋没しがちな社員が自身および日頃の仕事を振り返るとともに、会社の方向性を再認識することは意識改革にもつながる。

近隣には川奈ホテルがあり、晴れた日には富士山を望むこともできる。温暖な気候と海の幸に恵まれた環境で、日常の仕事を持ち込まずに徹底的に議論する。これが、さまざまな新しい事業の開発や日々の問題解決、そして人材育成につながっているのである。

3. 志こそが人間の価値を決める
——企業の成長を左右する社員一人ひとりの心構えと力量

日本医療企画の根幹には創業者である林社長の企業哲学、人生観（生き様）が大きな要素を占めている。もっともその企業哲学や経営理念、人生観が立派であっても社員に浸透していなければ意味がない。そこで日本医療企画では、これらを集約した『わたしたちの約束』を作成している。『わたしたちの約束』は「わが社の経営理念」「経営ビジョン」「わが社の人間像」「社員心得二十五訓」「発想を妨げる禁句一七」「ミスを未然に防ぐためのチェックポイント」「年間スローガン」で構成される約三〇ページにわたる日本医療企画のクレドである。

この小冊子に書かれていることは林社長と社員の「約束」であり、全社員にとってはこれを保有し常にここに掲げられた言葉を日々の実践のなかで活かし、一人ひとりが組織の活性化に貢献できるよう、常にこれに基づいて考える、いわば行動指針を記した日本医療企画におけるバイブルと言えるものである。日本医療企画はどのようなことを目的とする会社で、そのためにどのような人材を育成しているのか、その根幹と言える『わたしたちの約束』のなかから、「わが社の経営理念」「経営ビジョン」「わが社の人間像」「社員心得二十五訓」「発想を妨げる禁句一七」を紹介する。

わが社の経営理念

わたしたちは、常に主体性を保持し、
人間性、社会性、専門性を高めながら、
正義と勇気、夢と情熱をもって仕事に邁進し、
活力ある希望に満ちた社会の実現と、
全従業員の豊かな生活をめざします。

経営ビジョン

わたしたちは、いかなる時も
「挑戦」と「創造」の精神を堅持し、
21世紀の「新たな地域社会づくり」に積極的に参画し、
医療・介護の再構築と国民の健康づくりに
全社一丸となって取り組みます。

わが社の人間像

一、どのような環境にあっても、常に夢や希望や勇気を失わない
「ロマンチスト」である。
一、変化を恐れず、過去にこだわらず、常に創造的破壊のできる
「柔軟人間」である。
一、自己中心、唯我独尊に陥らず、常に相対的感覚を持った
「相対人間」である。
一、一般社会の〝常識〟にこだわらず、常に旺盛な好奇心と問題意識を
持って行動する「行動派人間」である。

社員心得二十五訓

平成六年　林諄代表取締役社長　作成

一、大事なことは会社に「何」をしてもらうか、ではなく、自分が会社に「何」が出来るかと考えることだ。そうすれば、必ず会社はその人に対して「何」をすべきか考えてくれると思え。

解説　「社員心得二十五訓」は二〇年前に考案したものです。当時、会社を辞めていく社員を横目に見ながら、何かしなければいけないという思いで作成しました。そういう意味では退職した社員が残していったものとも言えます。ただ、この条文だけは例外で、ジョン・F・ケネディの大統領就任演説からヒントを得ました。まだ学生だった私はその演説をラジオで聞き、「国家が諸君のために何をなしうるかを問うのではなく、諸君が国家に何をなしうるかを考えよ」という言葉に感銘を受けました。国民は政治に何かしてもらうことを期待し、政治家は国民が望むような公約を掲げ、支持を得ようとします。ところが、ケネディはよりよい国づくりのために依存心を捨て、国のために働くように呼びかけたのです。これは私が好きな福沢諭吉の「独立自尊」の精神にも似ています。社員一人ひとりが会社にどう貢献するかを考え、目標を持って行動すれば、会社は必ず発展すると思ったのです。会社

JMP 2002年テーマ

今年こそ一人ひとりが独自のドラマをつくって主役になろう！

株式会社日本医療企画

は社会貢献を第一に活動しなければなりません。世の中のニーズにきちんと応えなければ、利益にはつながらないからです。社員に社会のために何ができるかを考え、日々の仕事に取り組んでほしいという思いからの一訓です。

一、会社や仕事に「違和感」「不安感」はつきもの。むやみに恐れず自己強化のために活用せよ。

解説　人それぞれに性格や癖があるように、いろいろな人が集まる会社にも独特の風土や雰囲気があるものです。当然のことながら、入社してくる者にとって、最初から１００％ピッタリと合った仕事や環境などありません。「違和感」や「不安感」はあって当然なのです。そこで立ち尽くしてしまい、十分なエネルギーを発揮できないようではいけません。それを乗り越えたうえで自分の世界をどうつくりあげていくか、「一隅を照らす」人材にどう成長していくのかが大切です。ところが、たいていの人は、押し寄せる「違和感」や「不安感」に負けてしまいがちです。一歩社会に出たらそこは競争の場なのです。不安のない人生などありません。そのなかで耐えることができる自分をどうつくるかが問題です。「違和感」や「不安感」を恐れることなく、むしろ逆手にとって自己強化に使うくらいのしたたかさが必要なのです。

JMP 2003年テーマ

社員一人ひとりが
創造的な企画力を発揮し、
不況に負けない
『強い会社』を目指そう！

株式会社日本医療企画

一、会社人間は常に「プロ」であれ。「プロ」はたえずその内容、結果を問われる存在であると自覚せよ。

解説　会社は憩いの場、親睦の場ではありません。ビジネスの場です。「アマ」ではなく「プロ」としての取り組みが必要となります。最近は「プロ」と「アマ」の境界線が曖昧になってきましたが、天賦の才や素晴らしい技術はもちろんのこと、人間性・社会性・専門性のいわゆる「三性」のバランスがそろってこそ「プロ」と呼べるのです。プロ野球はたくさんの観客を集めてこそのプロ野球です。会社にたとえるならば、たくさんのお客様に商品を買っていただくという結果を出すことが求められます。言うなれば、「プロ」としての結果は、お客様との関わりのなかで生まれてくると言えるでしょう。また、「プロ」の「仕事」についても素朴に考えてみると、ターゲットを定め、こだわりを持って遂行することが一番大切なのではないでしょうか。日本人のこだわりは「茶道」「華道」など「道」と称されますが、「プロ」としてこだわり続けることが「仕事」を「道」へと昇華させるのです。

一、プロ組織に「仲よしグループ」の形成は禁物。このようなグループは「仲間」の進歩を阻み、組織に「害」を与えるのみ。プロ人

JMP 平成16年度 全社スローガン

本社、支社一体となった情報ネットワークの確立こそわれわれの「未来」を創る道

株式会社日本医療企画

間は常により高い次元の異質の人間関係を求めて行動するものと心得よ。

解説　そもそもプロ組織に「仲よしグループ」などありえません。「仲よしグループ」は、馴れ合いの排他的集団となりがちです。ひいてはそれが派閥となり、会社や組織に悪影響を及ぼします。実社会は競争の場です。対価をもらって仕事をするプロは、普段から切磋琢磨し、自らを高めていく熱い志を持たねばなりません。お互いがもたれあうような関係にはなりようがないのです。「仲よしグループ」の人間関係のなかで、予定調和的な議論をしても意味がありません。異質の人間関係は、時につらくもありますが、何よりも自分自身を鍛えてくれるでしょう。多種多様な意見が次々と噴出するなかで、いかにして一本化を図っていくか、そのプロセスが何よりも大切なのです。そして、アグレッシブな議論を経て導き出された結論にこそ、大きな価値があるのです。

一、何事も「少数派」であることを恐れるな。大事なことは「少数派」でスタートし、いつの日か「多数派」になるのを夢見て、精いっぱい前向きの努力をすることだと思え。

JMP 平成17年度 全社スローガン

一人ひとりのアイデアとニュービジネスの確立こそわれわれの生き残る道

株式会社日本医療企画

解説　「多数派」が世の中の主流です。人々が寄り集まるところが「多数派」となり、栄えていきます。新しいことにチャレンジする場合、当然のことながら「少数派」になります。たとえば、業を興すということは、まさに「少数派」そのものです。独立とはまさに「徒手空拳」であり、資金がない、社員がいない、顧客がいないといった条件がそろっていない状況からのスタートとなります。そう考えると、経営の原点とは、「ないものをつくっていくこと」、「不足しているものを充足させること」だと言えるでしょう。「ないからできない」ではなく、自分から働きかけるエネルギッシュな行動力が必要です。現実に負けることなく、「いつの日か天下をとるぞ」と「多数派」を目指すロマンチストになるべきです。「独立自尊」の精神で大きく描いた夢が、やがて大きな成果をたぐりよせるのです。

一、過去の「悪癖」を捨てろ。過去の栄光も忘れろ。いま大事なのは新しい世界で再出発し、未来に向かってこれまで自分がやれなかったことをやろうとすることだ。それには「裸」でやるしかないと思え。

解説　転職した人には、過去の仕事で身についた「悪癖」があるものです。しかし、新天地はまさに別世界であり、過去のことをきれいさっ

JMP JAPAN MEDICAL PLANNING 平成18年度 全社スローガン

アイウエオ精神で
「愚直に、地道に、徹底的に」
仕事に励もう

ア―アイデア（企画力）　イ―インタレスト（好奇心）　ウ―ウォーキング（行動力）
エ―エキサイティング（情熱）　オ―オーナーシップ（自己顕示力）

株式会社日本医療企画

ぱり忘れて「裸」＝「ゼロ」となって取り組む必要があります。そのなかで新しい仕事観や人生観が生まれ、未来が開けていくのです。私はよく「職業病」という言葉で表現しますが、一つの職業を長く続けると、そのキャリアがもたらす病気があるものです。真面目に勤め上げたゆえに、そこで身についた習性にとらわれてしまい、そこから抜けられなくなってしまいます。それがいわゆる「職業病」なのです。新しい世界に飛び込んだら、新たな「自分の世界」をつくらねばなりません。会社は仕事のフィールドは示してくれますが、「自分の世界」は自らが切り開いていくべきものです。与えられる仕事はまさに素材です。味はついていません。自分の味覚に合った味つけをしなければ良い仕事にはならないのです。

一、世代間に「違い」があるのは当然。出来る限り「世代戦争」をやって「違い」を克服せよ。

解説　最近では、情報化時代になったこともあり、年配者が知らないような知識や情報を持った若者が増えてきました。そのせいもあって、若い世代に謙虚さが足りないように感じることがあります。たとえ、ある一面に秀でていたとしても、総合的に見れば、まだまだ未熟なわけですから、常に謙虚さを忘れず、学ぶ姿勢を持ってほしいと思いま

JMP 平成19年度全社スローガン

今こそ、ひたむきな
「こだわりの仕事」を

こだわって、こだわって
他社にない商品づくりに励もう

株式会社日本医療企画

す。ただ教えを乞うのではなく、技術や知識を〝盗む〟くらいの積極性も必要です。上司や先輩がどのように仕事に取り組んでいるのか、自分とは何が違うのかを把握し、改善する努力を重ねることが重要です。その先に真の成長が待っているはずです。上の世代は、自らの経験や失敗の尊さを若い世代に伝えていくべきです。成功した人間が語る失敗談には説得力があり、そこには成功のためのヒントが隠されています。失敗から何を得たのか、どう乗り越えたのかを語りかけ、常に刺激を与える存在であるべきです。

一、常に「不平不満」を持つ者は必ず相手からも同類の「不平不満」を持たれる。「不平不満」は常に〝戦って〟解消するものと心得よ。

解説　「不平不満」は、表情や言動に必ず表れます。どんなにうまく振る舞おうとしても、押し込めた感情が随所に顔を出してしまい、相手に悟られ、相手からも「不平不満」を持たれることになります。会社や仕事に対しても同じです。「不平不満」を抱えながら、会社との良好な関係を築くことはできません。仕事に惚れ、仕事あっての自分だという想いがあってこそ、良い仕事ができるというものです。「不平不満」は、必ず仕事の結果に影響してきます。「不平不満」は根本となる問題

JMP JAPAN MEDICAL PLANNING　平成19年度 全社スローガン

キメ細かく地域を耕せ!!
この役割こそ、
あなたの「存在価値」だ

株式会社日本医療企画

を解決しないかぎり消えません。その感情を棚上げにし続けることは困難で、一人の不満が組織に悪影響を及ぼします。どこに不満があって、何が問題なのかを、お互い腹を割ってとことん議論し、その気持ちを〝戦わせて〟解消するしかありません。前向きに乗り越えていこうとする姿勢こそが個人や組織の成長につながっていくのです。

一、仕事は「能力」でするものでなく、「性格」でするものなり。「能力」でやると、妙にテングになったり、逆に劣等感に苛まれたりして進歩しない恐れありと自覚せよ。

解説　粘り強い「能力」とは言わず、粘り強い「性格」と言います。また明るい「能力」とは言わず、明るい「性格」と言います。形容詞をつけて人を表現する場合、「能力」と言わず「性格」と言う場合が多いことに気づきます。人は皆「能力」を持ってこの世に生まれてきます。しかし、その「能力」を目覚めさせるのは「性格」です。持って生まれた「能力」が平等に発揮されないのは「性格」がそうさせているのです。よくスポーツ選手を表現するのに「プロ向きだ」「プロ向きじゃない」という表現をしますが、これはまさに「性格」の話をしているのです。仕事は「能力」でするものではなく、「性格」でするものです。「能力」で仕事をするから、傲慢になったり劣等感に苛まれたりするのです。「能力」

JMP JAPAN MEDICAL PLANNING　平成20年度　本社スローガン

優れた人間性、社会性を身に付け、
ロマンとこだわりの精神を持って
「厳しい明日」を生き抜く
「強い会社」を創ろう。

株式会社日本医療企画

は皆持っています。大切な「能力」を眠ったままにしてはいけません。その「能力」を開花させる「性格」を自らでつくり上げていくのです。

一、会社と個人の「接点」を常に考えて行動せよ。「接点」なきところに双方の進歩、発展なしと自覚せよ。

解説　世の中には、会社との「接点」など意識することなく、与えられた仕事をマイペースでこなすだけの人も多いことでしょう。自らと会社との融合を考えることもなく、個人の都合優先で漫然と仕事をするだけの毎日。それでは、会社にとっても、個人にとっても何のプラスにもなりません。ましてや発展や進歩もないでしょう。「会社との接点を持っていますか」という言葉は単純に思えますが、実はとても奥の深い言葉です。「会社」という言葉の上下を入れ替えると「社会」になります。「会社」とはいろいろな人が集まって構成される「社会」なのです。「人間とは社会的動物である」という有名な言葉があります。社会という基盤があってこその自分なのです。人間は一人では生きていけません。「会社」=「社会」との「接点」をしっかり意識しながら仕事をしていくなかで、自らの社会的使命が育まれていくのです。

一、商品はお客さん（読者）のニーズ、時代背景、啓発性、先見

JMP JAPAN MEDICAL PLANNING 平成20年度　支社スローガン

支社の発展なくして
会社の発展なし。
一人ひとりの強い気持ちで
地域を掘り起こし、
地域の発展に貢献しよう。

株式会社日本医療企画

性をたっぷり織り込んでつくるものなり。自分だけの好みや思い込みでつくると、すぐ飽きられると思え。

解説　「製品」と「商品」は違います。「製品」は、市場の「ニーズ」をしっかりとらえること、「時代背景」を反映させること、前向きな気持ちになれるような「啓発性」があること、そして未来を見据えた「先見性」があること――この四つの要素をたっぷりと織り込むことで初めて「商品」となります。かつては、つくれば何でも売れるという「製品」＝「商品」の時代がありました。しかし、現代は情報があふれかえる成熟社会となり、お客さんのニーズも多様化しています。単なる自分の好みや思い込みだけでつくっていては「商品」にはなりえません。企画の過程で得た「インフォメーション（情報）」を「インテリジェンス（知性）」へ、さらには経験を通じて「ウィズダム（知恵）」へ昇華させてこそ、本物の「商品」を生み出していけるのです。

一、**仕事は「スルメ」のようなもの。初めはなかなかなじめなくてホロ苦い味のするものだが、じっくり取り組んでいると、いい味が出てくるものだと思え。**

解説　スルメはかじっているうちに徐々に良い味が出てくるもので

JMP　平成21年度　スローガン

迫り来る世界的な経済危機―あなたは生き残れますか!?

逆境の時こそ先見性と機動力を発揮するチャンス
我が社の「強み」を再確認し、全社一丸で戦い抜こう!

株式会社日本医療企画

す。仕事も同じで、最初はわからないことや大変なこともあるとは思いますが、知識を修得し、専門性を高め、できることが増えていけば次第にやりがいも増えていくでしょう。つらい時期をいかにして乗り切るかが重要なのです。私は新聞記者になって間もないころ、上司から「若いときの給料は〝苦痛の代償〟だ」とよく言われました。右も左もわからない新人には我慢や忍耐が必要で、給料はその対価であるという意味です。やがて仕事の楽しさを覚えれば、それは〝快楽の報酬〟に変わります。どんな仕事でもすぐに良い味がするものはありません。新しいことに取り組めば、壁にぶつかることもあるでしょう。大切なのは、常に目指すべき目標を持ち、創意工夫を重ねながら、目の前の仕事と真剣に向き合うことなのです。そうすれば自然と道は開けていくはずです。

一、仕事は「上司」など特定の人間に向かってやるものではない。あくまでも「読者」や「自分自身」に向かってやり抜くものだと考えよ。

解説　仕事とは誰のために存在しているのでしょうか。仕事とは対象となる読者や顧客を想定しながら進めるものです。上司の顔色を窺ってするものでも、自分の趣味趣向で行うものでもありません。当然の

JMP 平成22年度 スローガン

創業30周年。

この記念すべき節目に、
我々は何を求められ、何を成すべきか——

今こそ「原点」に帰り、会社の「存在意義」を深く見据えよう。
医療・福祉の危機的状況を救うのは我々しかいない！
そんな自負と情熱を持って、「新ビジネス」を創造しよう。

株式会社日本医療企画

ことながら、そうしてつくった商品は売れるわけがありません。仕事を「私的」にとらえてはいけません。本づくりは、本来「公的」な仕事です。けっして自分本位で行うものではありません。著者や取材相手とのつながりのなかで、さまざまな人が関わって成り立っているのです。仕事に臨むにあたり、しっかりとした軸を持つ必要があります。「自分自身」という軸をつくることで、仕事に対するこだわりやオリジナリティが生まれます。誰に向かって本をつくっているのか、誰に向かって情報発信しているのか、しっかりと「自分自身」に言い聞かせて、ブレずにやり抜くことが大切なのです。

一、会社は常に「変化の波」に洗われる。変化を恐れず変化に素早く対応できる「柔軟な発想」を身につけよ。

解説　会社を取り巻く環境は常に変化し続けています。私たちは止まることのない変化のなかに存在しているのです。そのなかで変化をどうとらえ、どう対応していくのかが問われています。経営とは変化に対応すること、それどころかセコム株式会社を創業した飯田亮氏がかつて私に語ったように「変化を創造すること」が求められます。変化を敏感に察することができる「こまやかな感性」と、固定観念にとらわれない「柔軟な発想力」を身につけて、まずは素早く変化に対応すること

JMP 平成23年度 スローガン

2011《第二の創業期》

――『挑戦』と『創造』こそ、わが社のすべて！

さあ、皆で新しい日本医療企画づくりを始めよう!!

株式会社日本医療企画

から学んでほしいと思います。逆に言えば、柔軟な発想力があれば変化を創り出すことが可能であると言えるでしょう。最終的には自らが変化を生み出していく「クリエイター」になることが重要です。

一、「自己」コントロールの出来ない者に真のプロの仕事は出来ない。真のプロは誰よりも「自己」規制にすぐれ、すばらしい創造的な仕事をするものだと心得よ。

解説 自分自身をコントロールできない者はプロとは言えません。人間は、常に心のなかに葛藤を抱えながら生きています。プロは、やりたくないことや難しいことを避けようとする弱い「自己」を乗り越えていかねばなりません。「自己」に振り回され、自分本位で仕事を行うのはアマチュアです。お客様のニーズをしっかりとらえながらも、自立した発想で自らの仕事を見つめ直すことが必要なのです。逆に言えば、「お客様本位で仕事をする」ということは「自分本位で仕事をしない」ということに通じるのです。実社会で求められる「自己」コントロールとは、いわば自己犠牲の精神であり、真のプロは、社会のため、お客様のために仕事をするなかで、最終的にクリエイティブな仕事を成し遂げるのです。

JMP 平成24年度

五大スローガン

―さらなる“挑戦と創造”を求めて―

1. 今こそ、ロマンと勇気をもって、社員一人ひとりがイノベーションを
1. 会社の内外に感動とインパクトを与える仕事に取り組もう
1. あらゆる「壁」を打破し、新しい「絆」をつくろう
1. 素朴な問いかけが未来を切り開く　原点を忘れることなく前進しよう
1. 「仕事」という原石を、社員一丸となって徹底的に磨き上げよう

株式会社日本医療企画

一、何事にも「悩み」や「障害物」はつきもの。この虜になると必ず負ける。悩みや障害物は常にそれを乗り越えるところに解決の道ありと心得よ。

解説　人生に「悩み」や「障害物」はつきものです。そう簡単には前に進ませてくれません。たいていの人は、悩んでいるのは自分だけだと思い込み、自らの心の闇に飲み込まれてしまいます。若いうちは悩むことも仕事のうちです。経験が足りないのだから、悩むのは当たり前なのです。そこで、自分の置かれた状況を客観的にとらえ、前向きに考えられるかが大切です。その局面を楽観的にとらえるか、悲観的にとらえるかでその後の展開がガラリと変わってくるのです。そのためには、人生のさまざまな局面で、前向きな考え方を意識しながら行動することが重要です。その繰り返しが「習慣」となり、「悩み」や「障害物」を乗り越えていく「性格」をつくり上げていきます。良い「性格」をつくることで、ぶれない自分の軸を持つことができます。まさに「性格」とは「習慣」なのです。

一、「性別」「学別」の存在は禁物。そこにあるのは「仕事」を創造的にやり抜き、読者に役に立つ情報を提供するすばらしい「人間」あるのみと思え。

JMP 平成25年度

変革期こそ最大の好機《チャンス》！

社員みな主役「正義と勇気」「夢と情熱」を持って、
新事業創出にアタックしよう

［五大テーマ］

1.「専門性」「社会性」「人間性」のバランスこそが仕事の基本
理性をもって熟慮し、野性をもって大胆に行動しよう

1. 独創力こそが最大の存在意義　常に現状否定の目で自己改革を

1. 社員一人ひとりが、市場価値の高い真の「プロ」を目指そう

1. 仕事の現場こそ自分を鍛えてくれる「戦場」
リスクがあっても大きな仕事、難しい仕事と取り組もう

1.「異端の遺伝子」「タブーなき挑戦魂」を原動力に、
新たなイノベーションを創り出そう

株式会社日本医療企画

解説　仕事において性別や学歴は関係ありません。性別や学歴にこだわりすぎて、自分の可能性を狭くとらえてはいけません。自分に対して劣等感を持つ必要もありません。大切なのは既成概念を打ち破り、ひとりの「人間」として「仕事」を創造的にやり抜くことです。そのためには、まず自らが仕事で関わる〝分野〟に惚れる必要があります。私は常々「仕事は人や会社で選ぶな。〝分野〟で選べ」と言っています。人や会社は揺れ動くものであり、良い時もあれば悪い時もあります。しかし、この〝分野〟に賭けるという決意があれば、生き方にブレがなくなります。日本医療企画であれば「医療」「介護」「栄養」という〝分野〟を専門にしています。まずはその〝分野〟に惚れ、貢献していく使命感を持ちましょう。そうすれば、「仕事」を創造的にやり抜く「覚悟」が生まれるはずです。お客様にとっても、また社会にとってもプラスとなる仕事をすることが重要です。

一、会社にはその時々の内部事情や、発展段階ありき。これを無視して行動すれば、会社との「ズレ」が拡大するだけ。会社の「レベル」に対応した行動をせよ。

解説　会社には、その発展段階に応じた「レベル」があります。それを

JMP平成26年度スローガン

『新たな地域社会づくり』に貢献する
医療・介護の再構築に
全社一丸となって取り組もう！
――さらなる“挑戦と創造”を求めて――

［平成26年度JMP行動指針］

1. 何とかする。絶対やるとの気概を持て！　この情熱がスピーディに新境地を切り開く原動力となる
1. 一人ひとりが着実に力をつけ、協働作業を通して「組織のダイナミズム」を生み出そう
1. 「創造力と想像力」をフル稼働！　妥協なき「一冊入魂」の精神を組織のすみずみまで
1. 絶えず「仮説と検証のサイクル」を回し、顧客のニーズ、市場の変化を先取りしよう
1. 記憶に残る激論を交わし、歴史に残る仕事を成し遂げよう
1. まず自分から変わろう　そして組織を変えよう　そして業界を変えよう

株式会社日本医療企画

無視して行動すれば、当然ながら会社との間に大きなズレや隔たりが出てきます。それでは、さらなる発展も成果も生まれません。私が会社を立ち上げた時は、まさに足りないものだらけで、「ヒト・モノ・カネ」すべてのものを同時並行でつくり上げていく必要がありました。そのなかで「不足しているものをまず充足させるのが経営の第一歩である」という、私なりの経営の定義が生まれました。そして、いざ商品をつくり始めると、その商品が次の商品を連鎖的に生み出していくという現象が起きてきます。本能的に次の商品がひらめくことで、他社との差別化が図られました。そのなかで、名実ともに会社としての形態が整えられ、変化を創造できる企業へと変貌を遂げてきました。会社の状況を踏まえたうえで、どう対応しながら発展を図っていくかを常に考えることが必要なのです。

一、人生はドラマ。会社はその一コマ、社員は俳優、仕事場は舞台、お互いに与えられた「役」にふさわしい演技を行い、すばらしいドラマを創造することが使命と思え。

解説　会社に一歩足を踏み入れたら、舞台に上がったつもりで、与えられた役をしっかりと演じなければいけません。会社は舞台、社員は俳優と同じです。会社は特別な場所であり、私生活の延長線のように

JMP 平成27年 スローガン

「独立自尊」「プロ集団」の
自覚を持って
新天地を切り拓こう！

全国ネットワークで
―「地域創造」「医療介護の再構築」に貢献―

株式会社日本医療企画

考えていては、なかなか良い仕事はできません。名優と呼ばれる俳優はアドリブが上手です。ただ与えられた役を演じるのではなく、そこに自分の個性を反映します。社員も同じで、目の前の仕事を黙々とこなしていればいいわけではありません。自らのアイデアで誰も真似できないような新しいものを生み出すことが重要なのです。俳優がその演技で観客を感動させるように、社員は新たな商品を企画し、顧客にサプライズを与えることが使命です。常に役者魂を持ち、仕事に取り組まなければなりません。もし、目標とする人物がいて、少しでも近づきたいなら、その名前を芸名にしても良いのです。そのくらい夢やロマンを持って働かなければ、良い結果は残せないものです。

一、会社は単なる「ゼニカネの場」ではなく、教材豊富な「学校」そのものだ。そこにはお客さんという優れた「教師」が存在し、社員という生徒を鍛えてくれる。偉大な「教師」に学んで大いに自己を成長させよ。

解説　会社は単なる「ゼニカネの場」ではありません。お客さんという「教師」がいて、社員という「生徒」がいる、いわゆる「学校」的な要素があります。会社の宝であるお客さんは、社員を鍛えてくれる「教師」なのです。良いお客さんは簡単には購入してくれません。その厳しさ

JMP 平成28年 スローガン

今年こそ一人ひとりが「挑戦と創造」の原点に立ち返り、明るい「未来」を創ろう!

単なる実務に明け暮れていては「明日」はない

株式会社日本医療企画

が社員を成長させます。そうして苦労してお取引先となっていただいたお客さんとは、末長いお付き合いをすることができるでしょう。野球にたとえるならピッチャーとバッターの関係になぞらえることができます。バッター(社員)は良いピッチャーとで、バッター(お客さん)に育てられます。良いピッチャーの攻略を目指すことで、バッターは成長していくのです。次から次へと訪れる難関を乗り越えるために創意工夫と努力が必要となり、そのなかでクリアする楽しさと充実感を味わうことができるのです。そのためにはスタンドで観客として眺めるのではなく、グラウンドに降りてプレイする側に立つべきです。自分がゲームの主人公、キーパーソンだという「こだわり」を持ちましょう。

一、組織に「原理原則」「形式」はつきもの。無視してはならない。しかし、これにこだわりすぎてもよくない。大事なことはいかにこれを弾力的に運用するかだ。常に相手に「形式」を求める者は常に相手からも「形式」を求められると心得よ。

解説　「原理原則」「形式」は組織を維持していくうえで必要なものです。これを無視することはできません。しかし、忘れてはならないのは、そもそも組織は組織そのものを維持するためにあるのではないということです。大事なのは、その組織をベースにして、それをいかに仕事に活用していくかです。組織というもの自体は、どうしても堅苦しい面がありますが、それをいかに弾力的に運用していくかが大切です。また、「原理原則」という「建前」や「セオリー」に固執している場合は注意が必要です。その枠のなかから抜け出せなくなり、仕事を臨機応変に展開していくことができなくなります。また、「セオリー」にとらわれない自由な動きに意表を突かれ、うまく対応できない場合が出てくる可能性もあります。組織のなかで仕事をする場合は、組織の持っている「原理原則」「形式」にこだわりすぎず、柔軟に対応していくしなやかさを持つことが大切です。

一、**商品は生きもの。生きものはどこかで死すべきもの。「死」を考えずして、「生」への関心や充実は生まれない。大いに「死」を考え、大いに「生」を強化せよ。**

解説　商品は私たちの分身です。私たちは単なるモノをつくっているわけではありません。人間がつくり出したものには生命が宿っているのです。粗末に扱ってはいけません。商品には生まれてきた背景、そして使命があります。世の中の役に立つために生まれてきたのです。せっかくこの世に生まれてきた商品をどうやって育てていくか、どこで死を迎えさせるのか。その商品に対する「死生観」を持ち、生を全うさせるべく「商品の生き様」を考えていくことが大切です。良い商品は必ず何かを生み出して死んでいきます。その商品が新たな流れをつくり、そのなかでさまざまな商品や企画が派生的に生まれてきます。会社にプラスの波及効果をもたらし、自らの生きた証を残していくのです。私たちがこの世に生み出した商品が、その使命をしっかりと果たせるよう、心を込めて育てていきましょう。

一、一方的に与えられた仕事には〝まずいもの〟が多い。これをおいしいものにするには自らの手で〝味つけ〟するか、独自のものを創るしかないと思え。

解説　会社から与えられる仕事は単なる「素材」が多いものです。まさに味のついていない「素材」です。会社はその人間の味覚に合わせて「素材」を与えることはしません。ましてや、しっかりお膳立てして渡すなどということはありません。単なる「素材」は生のままでは商品になりません。どう自分流に味つけしていくか、そこが腕の見せどころです。新聞記者であれば、取材現場にある「素材」をさまざまな角度から質問することで記事のなかで味つけしていきます。俗にいう「突っ込み」の勝負です。「突っ込み」が浅い記者は記事の内容も浅いものです。その仕事の真の目的は何かを常に考えながら味つけをしていきましょう。もちろん、最終的にはお客さんに評価していただくことが大切です。何ごとも自分流に考え、独自性のあるものを生み出し、差別化を図っていくことが大切です。

一、プロとアマの違いはその人のいやがることをやらせればわかる。プロは明日の自分のためにいやなことを進んでやり、アマはそれをやろうとしないものだと思え。

解説 アマチュアは、自分にとって苦手なことや嫌なことはやりたがらないものです。逆にプロはやらねばならないことは自ら進んでやり遂げます。そこに歴然とした違いが出てきます。使命感を持ってやり遂げるのがプロなのです。野球にたとえると、投手は当然のことながら打者の苦手なところを攻めてきます。好きなコースしか打たない、苦手なコースだから打てないではプロは務まりません。苦手なコースを攻略するために練習に取り組むことで進化していくのです。やったことのないこと、苦手なことをやるのは誰でも気が進まないものです。嫌々取り組んでも、当然のことながら良い結果は出ません。苦手なことを克服するには努力とエネルギー、そして使命感が必要です。そのうえでプロは自分流の味つけをしてオリジナリティを発揮するのです。

一、自分の意志で選んだ会社を自分だけの都合で簡単に辞めてはならない。その人にかけた会社や同僚の〝思い〟を一方的に踏みにじることがあるからだ。辞める場合は、社長や上司と徹底的に話し合い、スッキリした形で実行すべし。立つ鳥跡を濁さず。

解説　社員は自ら選択してわが社を志望し、会社もその意思を尊重して採用を決めました。お互いの想いが一致して入社してきたわけです。縁あって入社した人には、長所を最大限活かして活躍してもらいたいと考えています。一方的に辞表が出てくるのは、とても残念で悲しいことです。その前に上司と徹底的に話し合うべきです。また、会社の方針や上司の言動に疑問を感じた時は、社長である私の考えを確認してみるべきです。仕事をしていくなかで、会社にとっても、本人にとっても、お互いのプラスになることがたくさんあったはずです。所属した会社に出入りできなくなるようなことはするべきではありません。医療・介護の世界は、思いのほか狭いものです。今後の人生において、またどこかで結びつき、つながる可能性もあるでしょう。そういう願いを込めてこの言葉を書きました。この言葉は、辞めていった人が残した教訓なのです。

発想を妨げる禁句一七

一、「従来この方法でやっているから……」
一、「皆がやっているから…」「ヨソもやっている」
一、「そのように教わったから…」「マニュアルがそうなっている」
一、「そういう前例がない」「実績がないから…」
一、「これしかない」「他に考えられない」
一、「時間がないから…」「いま忙しいから…」
一、「ウチに向かないね」
一、「予算がなくてね」
一、「いま人がいないから…」
一、「あまり現実的でないね」
一、「ほんとにうまくいくかね」
一、「ほかにやることがあるじゃない」
一、「皆が賛成するかなぁ」
一、「前にいったけどダメだったよ」
一、「夢みたいなこというなよ」
一、「つまらん考えだね」
一、「少し進みすぎているんじゃない」

第4編

日本医療企画35周年史　年表

日本医療企画35周年史　年表

昭和55年（１９８０年）

4月　東京都港区赤坂4―13―5に資本金１００万円にて、「株式会社能登企画」設立。

昭和56年（１９８１年）

7月　医療総合情報誌『ばんぶう』創刊。

昭和57年（１９８２年）

1月　本社、郵政互助会ビルに移転。「株式会社日本医療企画」に社名変更。

7月　「『免疫性』壊す奇病、米で広がる」と、毎日新聞が日本で最初のエイズ報道。

昭和58年（１９８３年）

1月　厚生省の吉村仁保険局長、「医療費増大は国を滅ぼす」と医療費亡国論を発表。

6月　厚生省、エイズ研究班を組織。

昭和59年（１９８４年）

6月　簡易生命表、日本人の平均寿命が男女とも世界一に（男74・20歳、女79・78歳）。

8月　病医院経営情報誌『フェイズ３（Phase3）』創刊。

10月　改正健康保険法施行。被用者本人に1割負担。

11月　東京営業所開設。

昭和60年（１９８５年）

６月　本社機能及び東京営業所を統合し、荒木ビルに移転。

11月　社団法人埼玉県医師会と提携、健康医療情報紙『健康さいたま』創刊（１９９８年２月まで）。

昭和61年（１９８６年）

４月　関連会社「株式会社日本政経文化社」を創立。

７月　社団法人全日本病院協会と提携、健康医療情報紙『ヘルスＴＯＤＡＹ』創刊（後に『ヘルス＆ケア』、『Care Life Today』と発展的リニューアルを重ねる）。

７月　社団法人全日本病院協会からの委託を受け、同協会機関誌『全日病ニュース』を編集制作（１９９８年３月15日まで）。

10月　資本金を５００万円に増資。

昭和62年（１９８７年）

８月　本社を万惣ビルに移転。

９月　関連組織として「民間病院問題研究所」（シンクタンク）を創設。

10月　関西支社を開設。

昭和63年（１９８８年）

４月　『ＪＭＰ（ジャンプ）ブックスシリーズ』創刊。

９月　資本金を１６００万円に増資。

昭和64年／平成元年（１９８９年）

１月　昭和天皇崩御。

７月　管理業務に電算システム導入。

平成２年（１９９０年）

４月　『ＷＩＢＡ（ウイバ）'90』創刊。

4月　ニューヨーク支局を開設。

平成3年（1991年）

7月　医療関連ビジネス情報誌『メディカルネットワーク』創刊（1994年7月まで）。

平成4年（1992年）

1月　「臨時脳死及び臓器移植調査会」（脳死臨調）が「脳死容認」を答申。

3月　病医院事務長・事務管理者のための専門情報誌『MMP』創刊。

平成5年（1993年）

6月　病医院情報誌『ホスピタウン』創刊。

8月　病院給食専門誌『病院レストラン』創刊（1997年10月『ヘルスケア・レストラン』に誌名変更）。

10月　（財）医療経済研究機構発足。林諄代表締役社長が理事就任。同機構の出版物の制作等に関して業務提携。

平成6年（1994年）

5月　本社を神田平成ビルに移転。営業本部を設置。

平成7年（1995年）

1月　阪神大震災発生。死者5502人。

1月　『平成7年版全国病医院情報』創刊。

3月　地下鉄サリン事件発生。

9月　本社1階に「健康の森ショップ」1号店を開設。

11月　『医療白書平成7年度版』発刊。

平成8年（1996年）

5月　本社1階に放送センターを開設。本格的な病院待合室向け電光ニュース事業スタート。

10月　薬害エイズ問題に絡み、松村明仁・元厚生省生物製剤課長が逮捕される。

12月　岡光序治・前厚生事務次官が収賄容疑で逮捕される。

平成9年（1997年）

10月　「健康の森ミニショップ」事業展開スタート。

平成10年（1998年）

7月　株式会社ニチイ学館と提携。

9月　「ケアマネジャー試験」の模範解答サービス開始。

11月　インターネットのホームページ開設。

平成11年（1999年）

4月　ホームヘルパー（2級課程）テキスト発刊。

4月　営業本部・事業部制スタート。

平成12年（2000年）

4月　介護保険制度がスタート。

6月　ホームヘルパー（3級課程）テキスト発刊。

11月　『医療経営白書2001年版』発刊。

平成13年（2001年）

3月　『WIBA（ウイバ）2001年版』発刊。

4月　組織改革に伴い、「センター制」スタート。

5月　関連会社「株式会社ヘルスケア総合政策研究所」を創立。

9月　米国、同時多発テロ発生。

10～11月　『ばんぶう』創刊20周年記念フォーラムを開催。

平成14年（2002年）

4月　九州支社を開設。
5月　柏ニチイ研修センターにて営業研修会を実施。
10月　本社ビル5階にセミナー室、社員倶楽部を増設。
10月　北陸営業所を開設。

平成15年（2003年）

4月　社内LAN開始。
6月　介護経営情報誌『介護ビジョン』創刊。
9月　『栄養緑書―これでいいのか日本の栄養問題』発刊。

平成16年（2004年）

1月　関東支社を開設。
1月　北陸営業所を北信越支社とする。
2月　介護情報誌『かいごの学校』創刊。

平成17年（2005年）

1月　伊豆・川奈に教育研修センター設置。
6〜9月　「第1期医療ヘルパー養成講座」を東京、福岡、大阪にて開催。
9月　「JMP医療・福祉友の会」設立。
10月　『介護経営白書2005年版』発刊。

平成18年（2006年）

1月　ライブドア本社の強制捜査を受け、株の売り注文が殺到。システム処理の能力が限界に近づき、東京証券取引所が設立以来、はじめて全銘柄取引停止。
4月　『ばんぶう』を『CLINIC BAMBOO』にリニューアル。
9月　秋篠宮紀子さまが男子をご出産。お名前は「悠仁（ひさひと）」さま。

平成19年（２００７年）

1月　『介護職員基礎研修過程テキスト』発刊。
2月　第1回東京マラソン開催。
3月　インフルエンザ治療薬「タミフル」を服用した患者が異常行動を起こす恐れがある問題で、厚生労働省が医療機関に対して10代患者に同薬を投与しないように指示。
7月　新潟県中越沖地震発生。新潟・長野で震度6強の地震が発生し、死者15人、重軽傷者２３４５人となった。
10月　『１００歳まで元気人生！「病気予防」百科』発刊。

平成20年（２００８年）

7月　日本で初めてiPhoneが発売される。
8月　北京オリンピック開催。
11月　アメリカ大統領選でバラク・オバマ氏が初当選。

平成21年（２００９年）

3月　ワールド・ベースボール・クラシックで日本が2大会連続2回目の優勝。
8月　『ヒューマンニュートリション――人間栄養』創刊（２０１３年7月『栄養管理の症例と実践』に誌名変更）。
8月　衆議院選挙で民主党が歴史的勝利をおさめ、政権交代となる。
10月　中華人民共和国が建国60周年を迎え、祝賀行事を開催。

平成22年（２０１０年）

2月　創立30周年記念事業として、『医療コミュニケーターテキスト』発刊。
2月　バンクーバーオリンピック開催。
5月　創立30周年記念事業として、『医療経営士テキスト』全40巻、『医療経営士テキスト対応DVD』全40巻発刊、販売開始。

7月　一般社団法人日本医療経営実践協会が創立される。同協会との提携で「医療経営士事業」が本格的にスタート。

10月　北海道大学の鈴木章名誉教授と、アメリカ・パデュー大学の根岸英一特別教授がノーベル化学賞を受賞。

平成23年（2011年）

1月　中国の介護市場へ進出。中国民生部との本格的話し合いへ。

1月　B型肝炎訴訟、政府が和解案受け入れを正式に発表。

3月　東日本大震災発生。

4月　イギリス・ウィリアム王子とキャサリン妃が挙式。

5月　『介護福祉士国家試験』対策基本テキスト』全7巻発刊。

9月　美しさを栄養から考える「ビューティ栄養カレッジ」開講。

10月　世界人口が70億人を突破。

11月　『ばんぶう』創刊30周年「特別記念フォーラム」を札幌、東京、福岡で開催。

平成24年（2012年）

4月　厚生労働省から委託を受け、広報誌『厚生労働』を共同出版開始。

5月　24年度のスタートにあわせ、介護新教材『実務者研修テキスト』全8巻発刊、販売開始。

5月　東京スカイツリー開業。

6月　営業統括本部に「ヘルスケアソリューション事業部」を開設。

7月　『介護福祉経営士テキスト』全21巻発刊、販売開始。

7月　「第1回実務者研修教員講習会」を東京と福岡で開催。

7月　ロンドンオリンピック開催。

9月　一般社団法人日本介護福祉経営人材教育協会が創設される。同協会との提携で「介護福祉経営士事業」が本格的にスタート。
11月　『国民の栄養白書2012年度版』発刊。
12月　25年4月からの介護キャリア体系見直しに伴い、介護新教材『介護職員初任者研修課程テキスト』全3巻、『介護の職務と理解（授業用DVD、3枚組）』発刊、販売開始。
12月　山中伸弥氏が日本人2人目のノーベル生理学・医学賞を受賞。

平成25年（2013年）

4月　「介護事業サポート部」「在宅ヘルスケア事業推進部」が発足、本格的に事業を開始。
6月　富士山が世界文化遺産に登録される。
8月　中部支社を開設。
9月　『ヘルスケア・レストラン』創刊20周年記念フォーラムを全国6会場で開催。
9月　2020年オリンピックの開催地が東京に決定。
10月　『最新介護経営 介護ビジョン』創刊10周年記念フォーラムを全国6会場で開催。
12月　和食がユネスコ無形文化遺産に登録される。

平成26年（2014年）

1月　一般社団法人介護福祉指導教育推進機構が創設される。同機構との提携で「介護福祉の指導教育者育成事業」が本格的にスタート。
4月　『「嚥下調整食学会分類2013」に基づく経口アプローチセミナー 食形態の病診連携を実現しよう』を全国7会場で開催。
5月　医療・介護福祉分野の経営をどこでも学べる！「ヘルスケア経営学院 eラーニング校」を開校。
5月　介護技術を理解し身に付けるDVD教材『自立に向けた介護技術の基本』を発売。
5月　一般社団法人日本栄養経営実践協会が創設される。同協会との提携で「栄養経営士事業」

が本格的にスタート。

7月　『月刊 医療経営士』創刊。

7月　集団的自衛権行使容認、閣議決定。

8月　医療・介護の地域資源を活用した〝まちづくり〟〝地域づくり〟の事例を紹介する新冊子『地域経営とヘルスケア』を発行。

8月　エボラ出血熱の感染拡大を受け、WHOが緊急事態と宣言。

9月　北海道支社を開設。

9月　大型セミナー室『もとみやセミナールーム』（東京都千代田区神田東松下町17 もとみやビル3F）を開設。

9月　御嶽山が噴火。

平成27年（2015年）

3月　北陸新幹線開業。

4月　創立35周年記念事業として、『栄養経営士テキスト』全6巻発刊、販売開始。

6月　改正公職選挙法が可決され、18歳選挙権が成立。

8月　金融人のための医療・介護読本『ヘルスケア&ファイナンス』創刊。

9月　改正マイナンバー法が可決・成立。

9月　改正医療法が可決・成立。

●略歴

林　諄 株式会社日本医療企画 代表取締役

はやし・じゅん●石川県出身。昭和38年、神戸商大経営学部卒業後、サンケイ新聞（現・産経新聞）大阪本社入社。地方部、経済部、昭和48年7月から東京本社にて旧通産、厚生省等担当を経て昭和51年、企画委員に就任。昭和53年、同社退社。現代問題研究会、内外問題研究所創設、代表に就任。昭和55年4月26日、能登企画を創立（昭和57年1月18日、日本医療企画に社名変更）、代表取締役に就任。平成5年10月、（財）医療経済研究機構理事。平成13年5月24日、ヘルスケア総合政策研究所を創立、代表取締役に就任。平成22年11月、一般社団法人日本医療経営実践協会理事、平成24年9月、一般社団法人日本介護福祉経営人材教育協会理事、平成26年1月、一般社団法人介護福祉指導教育推進機構理事、平成26年5月、一般社団法人日本栄養経営実践協会理事に就任、現在に至る。

あとがき

「会社の寿命は三〇年」――。経済界でよく言われる通説だ。とりわけ出版業界は厳しい状況にあり、出版社および取次等の関連企業の倒産が相次いでいる。そのなかで、中小出版社である日本医療企画が、なぜ三五年も生き残ることができたのか。しかも、数多くの失敗を重ねてきたにもかかわらず……。筆者らの間では創業三五周年を記念した社史編纂を進めるなか、このような疑問が持ち上がってきた。この会社が生き残ってきた要因を分析すれば、中小企業はもちろん、今まさにマネジメントの時代を迎えている医療機関・介護事業者などの参考になるのではないか。これが本書を一風変わったビジネス書として編集することになったきっかけである。

本書のタイトルにあるように日本医療企画は三五年間にわたって、実に多くの失敗を重ねてきた。わが国初の病医院情報誌『ホスピタウン』、病医院事務長・事務管理者のための情報誌『MMP』、医療関連のビジネス情報誌『メディカルネットワーク』は休刊中であり、『電光ニュースサービス事業』や『健康の森ショップ』といった事業も現在は稼働していない。背景にはこうした事業を担当する人材不足などがあるが、継続できなかったという点から言ってしまえば失敗である。それでも今日まで生き残ることができたのは、その失敗をバネにして、繰り返し新しいことに挑戦してきたこと、そしてその挑戦が間違ったものではなかったからではなかろうか。

実際、『ホスピタウン』はそれまで国民に伝えられてこなかった病医院情報開示の道を拓き、今では病医院のランキング本等は当たり前のように書店に並んでいるし、『電光ニュースサービス事業』もデジタルサイネージとして一般化されている。『健康の森ショップ』の考え方に基づいた健康志向のショップや全国各地の名物をお取り寄せするネットショップも増えている。もちろん、『ＭＭＰ』で提唱していた医療経営人材の必要性は、「医療経営士」として実を結んでいる。

自社事業としては花開かなかったものも、日本医療企画が他に先んじて挑戦し、今では社会になくてはならないものになっているのだ。林諄社長は「大企業が手を出さない〝空き地〟で仕事をしてきただけ」と自嘲気味に言うが、これらはすべて「必要であるにもかかわらず、現実にはないものへの挑戦」であり、つまるところ究極の「顧客志向への挑戦」だ。企業は社会へ価値を提供することが目的であり、その基本となるのは「顧客志向」である。林社長の号令のもと、社員全員で「社会への新しい価値提供」に向けて「挑戦と創造」を実践してきたことが、この会社を三五年間生き続けさせた最大の要因と言えよう。

「挑戦と創造」は組織を活性化させる要諦でもある。野球やサッカーなどのスポーツでよく見られるように、勝負事は守りに入ったほうが負けるケースが多い。これは会社経営でも同様であり、守りに入って新しい挑戦に乗り出すことを放棄すると成長は止まり、衰退期に入る。当然、次なるイノベーションは起こせず、いずれジリ貧となるのが関の山だ。

日進月歩の勢いでさまざまな技術革新がなされ、「昨日の勝者は今日の敗者」と言われる今日、新しい価値の創造への挑戦はますます重要になってくる。もちろん挑戦をしていれば、時には失敗することもあるだろう。その失敗をどのように受けとめ、次の挑戦に活かしていくか。日本医療企画の失敗の歴史から学んでいただければ、これにまさる喜びはない。

「日本医療企画35年」検証委員会

●編著者
「日本医療企画35年」検証委員会
委員長
川渕孝一(東京医科歯科大学大学院教授)
委　員
須田　清(弁護士／須田清法律事務所所長)
松村藤樹(株式会社日本医療企画取締役)
清水大輔(株式会社日本医療企画ヘルスケア情報事業本部編集代表)

医療経営のパイオニア 日本医療企画
失敗を重ねて35年
ひたすら“挑戦と創造”の道を求めて

2016年2月2日　第1版第1刷発行

編　著　者　「日本医療企画35年」検証委員会
発　行　者　林　諄
発　行　所　株式会社日本医療企画
〒101-0033　東京都千代田区神田岩本町4-14　神田平成ビル
TEL：03-3256-2861(代表)
印刷／製本　大日本印刷株式会社

ISBN978-4-86439-424-6 C0034　定価はカバーに表示しています。